Carina Hofmann

Investment mit Gefühl

Die Messung der Anlegerstimmung und ihr Nutzen für Investmententscheidungen

Bibliografische Information der Deutschen Nationalbibliothek:

Die Deutsche Nationalbibliothek verzeichnet diese Publikation in der Deutschen Nationalbibliografie; detaillierte bibliografische Daten sind im Internet über http://dnb.d-nb.de abrufbar.

Impressum:

Copyright © Studylab 2018

Ein Imprint der Open Publishing GmbH, München

Druck und Bindung: Books on Demand GmbH, Norderstedt, Germany

Coverbild: Open Publishing GmbH | Freepik.com | Flaticon.com | ei8htz

Inhaltsverzeichnis

Zusammenfassung

Die Sentimentanalyse untersucht die Stimmung von Anlegern, um daraus erfolgreiche Investmententscheidungen abzuleiten. Da die Messung von Stimmung eine komplexe Aufgabe ist, konnte bisher kein unumstrittener Indikator der Anlegerstimmung identifiziert werden. Folglich ist der Nutzen zur Anwendung der Sentimentanalyse im Investmentprozess kaum erforscht.

Das Ziel der vorliegenden Bachelorarbeit ist es, die Indikatoren zur Messung der Anlegerstimmung aufzuzeigen sowie anhand ausgewählter Indikatoren den praktischen Nutzen für Investmententscheidungen zu analysieren. Dafür werden die in der Literatur diskutierten Indikatoren zunächst beschrieben. Anschließend werden auf Basis zwei dieser Indikatoren im Rahmen einer Datenanalyse anwendbare Handelsstrategien abgeleitet und auf ein theoretisches Investment angewendet.

Die Ergebnisse zeigen, dass sich Sentimentindikatoren sowohl in ihrem Ansatz als auch der gemessenen Stimmung stark unterscheiden können. Die Auswahl des Indikators ist deshalb der entscheidende Faktor bei Verwendung der Sentimentanalyse. Für einen der zwei berücksichtigten Indikatoren kann eine klare Eignung als Sentimentindikator und damit ein positiver Nutzen der Sentimentanalyse ausgesprochen werden. Die Anwendung der Sentimentanalyse kann für Anleger aufgrund des heutigen Forschungsstandes jedoch nur eingeschränkt empfohlen werden.

Die Bachelorarbeit gibt dem Leser einen Eindruck zum Nutzen der Psychologie im Investmentprozess und ist sowohl für private als auch institutionelle Anleger interessant.

Abkürzungsverzeichnis

Calls	Kaufoptionen
CBOE	Chicago Board Options Exchange
CEFD	Closed-End Fund Discount
GD	gleitender Durchschnitt
IPO	Initial Public Offering
PCR	Put-Call-Ratio
Puts	Verkaufsoptionen
S&P 500	Standard & Poor's 500

Abbildungsverzeichnis

Tabellenverzeichnis

1 Einleitung

> „Die Bahn der Himmelskörper kann ich auf Zentimeter und Sekunden genau berech-
> nen, aber nicht, wie eine verrückte Menschenmenge die Börsenkurse in die Höhe o-
> der Tiefe treiben kann!"[1]

Mit diesem berühmten Zitat findet der Physiker Isaak Newton bereits im 17. Jahr-
hundert passende Worte für ein Phänomen, welches aktuell an den Finanzmärkten für heiße Diskussionen sorgt. Dort nämlich jagt seit einiger Zeit ein Allzeit-
hoch das nächste. Neben fundamentalen Gründen sehen Analysten hinter solchen
Kursbewegungen vor allem eine treibende Kraft: Stimmung.[2] Denn während Ver-
liebtheit und Gier die Kurse geradezu in den Himmel katapultieren, sorgen Ner-
vosität und Panik für extreme Kursstürze. Insbesondere Anhänger der Behavioral
Finance[3] vermeiden deshalb immer mehr die klassischen Analysemethoden und
stürzen sich stattdessen auf den neuen Ansatz der Sentimentanalyse.[4] Innerhalb
der Sentimentanalyse wird versucht, das Sentiment[5] beziehungsweise die Stimmung der Anleger durch geeignete Indikatoren zu messen und zu interpretieren.[6]
Im Zeitablauf haben sich zahlreiche Sentimentindikatoren herausgebildet. Da die
Messung von Emotionen jedoch mit etlichen Schwierigkeiten verbunden ist,
herrscht Uneinigkeit über die Qualität der Indikatoren.[7] Zudem ist der praktische
Nutzen von Sentimentindikatoren im Investmentprozess kaum erforscht.

Ausgehend von dieser Problemstellung verfolgt die vorliegende Arbeit zwei Ziele.
Zum einen sollen dem Leser die in der Literatur diskutierten Indikatoren zur
Messung des Sentiments vorgestellt werden. So soll der Leser bei zukünftiger
Verwendung der Sentimentanalyse beurteilen können, was eine gute Messung ist.
Darauf aufbauend soll zum anderen überprüft werden, inwiefern sich die Berück-

---

[1] Isaac Newton (Herkunft und Ort unbekannt), zitiert nach Bergold, U./ Mayer, B. (2005), S. 160.

[2] Vgl. Malisch, R. (2016), S. 20.

[3] Im weiteren Verlauf der Arbeit wird die Behavioral Finance als verhaltensorientierte Analyse bezeichnet.

[4] Vgl. Theuerzeit, T. (2002), S. 3.

[5] Das Wort Sentiment bedeutet so viel wie Gefühl oder Empfindung (Vgl. https://www.duden.de/rechtschreibung/Sentiment; 23.03.2018).

[6] Vgl. Theuerzeit, T. (2002), S. 2.

[7] Vgl. Baker, M./ Wurgler, J. (2006), S. 1646.

sichtigung von Sentimentindikatoren auf die Performance eines Investments auswirkt.

Aus diesen beiden Zielen leitet sich die Kernforschungsfrage dieser Arbeit ab:

> Wie kann das Sentiment gemessen werden und welchen Nutzen bringt die Verwendung der Indikatoren für Investmententscheidungen?

Zur Beantwortung dieser Forschungsfrage wird in Kapitel 2 zunächst die Basis in Form der theoretischen Grundlagen zur Sentimentanalyse gelegt. Im Fokus von Kapitel 3 stehen die Indikatoren zur Messung des Sentiments. Zunächst werden die in der Literatur diskutierten Sentimentindikatoren in Kategorien eingeteilt. Anschließend werden ausgewählte Indikatoren vorgestellt. Kapitel 4 untersucht auf dieser Basis den praktischen Nutzen von Sentimentindikatoren für Investmententscheidungen. Nach genauer Analyse der Daten und Überprüfung auf Zusammenhänge wird hierfür auf Grundlage von zwei geeigneten Sentimentindikatoren jeweils eine anwendbare Handelsstrategie abgeleitet und anschließend auf ein Investment in der Vergangenheit theoretisch angewendet. Danach werden die wichtigsten Untersuchungserkenntnisse zusammengefasst. Zum Abschluss werden in Kapitel 5 die wesentlichen Inhalte der Arbeit dargestellt sowie kritisch betrachtet.

2 Theoretische Grundlagen zur Sentimentanalyse

Ziel der folgenden Kapitel ist es die theoretischen Grundlagen zur Sentimentanalyse aufzuzeigen, die als Basis für diese Arbeit benötigt werden. Da das Sentiment grundsätzlich ein Untersuchungsgebiet der verhaltensorientierten Analyse darstellt, jedoch nur innerhalb der technischen Analyse einen Bezug zur Anlegerpraxis aufweist, wird in Kapitel 3.1 zunächst auf die Grundlagen dieser Analyseformen eingegangen. Hierbei werden Zusammenhänge sowie Unterschiede der Sentimentanalyse zur technischen und verhaltensorientierten Analyse aufgezeigt. In Kapitel 3.2 werden die Begriffe Sentimentanalyse, Sentiment und Sentimentindikator näher erläutert. Kapitel 3.3 zeigt abschließend, wie ein Anleger bei Anwendung der Sentimentanalyse handeln sollte.

2.1 Technische und verhaltensorientierte Analyse als Ausgangspunkt

Die technische Analyse, auch Charttechnik genannt, gehört seit rund 80 Jahren zum festen Bestandteil der Aktienanalyse.[8] Durch die Untersuchung des historischen Kursverlaufs einer Aktie, in erster Linie durch den Einsatz von Charts, sollen Schlüsse für deren zukünftige Entwicklung gezogen werden.[9]

Die zentrale Annahme der technischen Analyse besteht darin, dass in der Kurs- und Umsatzentwicklung der Aktie alle Informationen für eine zukünftige Kursprognose enthalten sind. Die Begründung dafür ist, dass allein der Kurs selbst das Verhältnis zwischen Angebot und Nachfrage der Anleger korrekt widerspiegelt. Darin enthalten sind automatisch alle bekannten Daten für die Zukunftseinschätzung der Aktie. Der Kurs repräsentiert somit alle Fakten sowie die Hoffnungen und Befürchtungen der Anleger.[10]

Eine der wichtigsten Prämissen der technischen Analyse ist, dass Aktienkurse in Trends verlaufen.[11] Die Identifikation dieser Trends und das Erkennen von Trendwenden sind die wichtigsten Funktionen der technischen Analyse.[12] Das primäre Ziel liegt in der Bestimmung der bestmöglichen Ein- und Ausstiegszeit-

---

8   Vgl. Heese, V./ Riedel, C. (2016), S. 69.
9   Vgl. Daxhammer, R./ Facsar, M. (2012), S. 63.
10 Vgl. Fugger, H. (2000), S. 167.
11 Vgl. Fugger, H. (2000), S. 168; Daxhammer, R./ Facsar, M. (2012), S. 63.
12 Vgl. Fugger, H. (2000), S. 168f.

punkte des Investments – dem Timing.[13] Anders als die Fundamentalanalyse gibt die technische Analyse also keine Auskunft darüber, in *welche* Aktie investiert werden soll, sondern *wann* das Investment getätigt werden soll.[14]

Während Bücher über die technische Analyse ganze Bibliotheken füllen, gehört die verhaltensorientierte Analyse zu einem relativ jungen Wissenschaftsgebiet.[15] Die verhaltensorientierte Analyse untersucht erstmals die psychologische Komponente der Finanzmärkte.[16] Dabei ist der Einfluss der Psychologie für das Geschehen an der Börse keinesfalls neu. Schon André Kostolany wusste: „Die Rolle der Psychologie an der Börse kann gar nicht überschätzt werden. Kurzfristig und mittelfristig macht sie [...] 90 Prozent aus."[17] Durch die verhaltensorientierte Analyse kann die Bedeutung der Psychologie durch wissenschaftliche Fakten erstmals untermauert werden.[18]

Im Mittelpunkt der verhaltensorientierten Analyse steht der Mensch und seine Emotionen.[19] Mit zunehmender Entwicklung des Ansatzes wurden eine Vielzahl unterschiedlicher psychologischer Effekte gefunden. Es konnte belegt werden, dass das Anlegerverhalten durch Wahrnehmungsverzerrungen und das Anwenden von Heuristiken[20] gekennzeichnet ist.[21] Die Kenntnisse über die emotionalen Verhaltensweisen der Menschen aus Unsicherheit und Unwissenheit können dem Anleger helfen, individualpsychologische Fehler bei seinen Investmententscheidungen zu vermeiden.[22]

Die Sentimentanalyse ist eine Methode der Aktienanalyse, welche sich aus Erkenntnissen der technischen und verhaltensorientierten Analyse zusammensetzt. Diejenige Komponente, welche beide Analyseinstrumente miteinander verbindet,

---

13 Vgl. Daxhammer, R./ Facsar, M. (2012), S. 57.
14 Vgl. ebd., S. 63.
15 Vgl. Malisch, R. (2016), S. 20.
16 Vgl. ebd.
17 Kostolany, A. (2000), S. XIV.
18 Vgl. Malisch, R. (2016), S. 20.
19 Vgl. Theuerzeit, T. (2002), S. 3.
20 Heuristiken sind Faustregeln, die den Marktteilnehmern für die Beurteilung unsicherer Ereignisse verhelfen (Vgl. Daxhammer, R./ Facsar, M. [2012], S. 177).
21 Vgl. Malisch, R. (2016), S. 21.
22 Vgl. Bergold, U./ Mayer, B. (2005), S. 38.

ist die Psychologie.[23] Selbst wenn die technische Analyse die menschliche Psyche nicht eingehend untersucht, spielt sie dennoch explizit mit ein, indem die Auswirkungen der Emotionen der Anleger im Kurs der Aktie einfließen und damit indirekt verwertet werden.[24] Auch die wichtigste Prämisse der technischen Analyse, dass Aktienkurse in Trends verlaufen, ist im Grunde nichts anderes als die Annahme von einem „massenpsychologischem Grundverhaltensmuster".[25] Die technische Analyse geht demnach davon aus, dass sich die Menschen kalkulierbar irrational verhalten.[26] Sie gibt jedoch keine Lösung auf die Frage, wann und wie genau dies der Fall ist.[27] Um dafür eine Antwort zu finden, verknüpft die Sentimentanalyse die technische Analyse mit den wissenschaftlichen Erkenntnissen der verhaltensorientierten Analyse.

Anzumerken ist, dass die Sentimentanalyse zwar auf den Erkenntnissen der verhaltensorientierten Analyse beruht, sich dennoch klar in den Denkansätzen unterscheidet. Während die verhaltensorientierte Analyse davon ausgeht, dass individuelles Verhalten verstanden werden muss, um Marktverhalten zu erklären, konzentriert sich die Sentimentanalyse auf die Messung und Interpretation der aggregierten Anlegerstimmung. Sie geht davon aus, dass das Verhalten der Anleger in der Realität zu komplex ist, um es durch einige ausgewählte Wahrnehmungsverzerrungen und Handelsprobleme erklären zu können.[28]

Es sollte auch nicht unerwähnt bleiben, dass die Sentimentanalyse in der Literatur häufig der technischen Analyse zugesprochen wird.[29] Diese Meinung wird in dieser Arbeit aus den genannten Unterschieden jedoch nicht geteilt. Die Sentimentanalyse geht über die technische Analyse hinaus und ist klar von der technischen sowie verhaltensorientierten Analyse abzugrenzen. Diese Einschätzung folgt der von Johannes Braun[30], indem die Sentimentanalyse als Verknüpfung aus

---

23 Vgl. ebd., S. 39.

24 Vgl. Braun, J. (2007), S. 92.

25 Bergold, U./ Mayer, B. (2005), S. 43.

26 Vgl. Malisch, R. (2016), S. 20.

27 Vgl. Braun, J. (2007), S. 92.

28 Vgl. Baker, M./ Wurgler, J. (2007), S. 130.

29 Vgl. Bergold, U./ Mayer, B. (2005), S. 39; Theuerzeit, T. (2002), S. 3; Heese, V./ Riedel, C. (2016), S. 67.

30 Vgl. Braun, J. (2007).

verhaltensorientierter Analyse und klassischer Aktienanalyse - insbesondere der technischen Analyse - verstanden wird.

2.2 Begriffserläuterungen im Rahmen der Sentimentanalyse

Innerhalb der Sentimentanalyse wird versucht die vorherrschenden Emotionen der Anleger beziehungsweise die Stimmung hinter den Kursbewegungen zu messen und zu interpretieren. Das Ziel der Sentimentanalyse ist herauszufinden, wann die Anleger durch ihre Hoffnungen und Ängste, also irrationale Verhaltensweisen, den Markt in eine Übertreibung in die eine oder andere Richtung drängen. Über- und Untertreibungen markieren gewöhnlich Trendwenden, da die Kurse früher oder später zu ihrem intrinsischen Wert[31] zurückkehren werden. Die Sentimentanalyse ermöglicht es dem Anleger somit, die Irrationalität des Marktes auszunutzen und sich im Sinne der Contrary Opinion[32] gewinnbringend zu positionieren.[33]

In der kapitalmarkttheoretischen Literatur wird der Begriff Sentiment nicht einfach mit dem Gefühl oder der Empfindung der Anleger gleichgesetzt. Baker/ Wurgler bezeichnen Sentiment als ein an sich schwer fassbares Konzept.[34] So existieren in der Literatur zahlreiche Definitionen von Sentiment. In der älteren Behavioral-Finance-Literatur gilt Sentiment zunächst als Sammelbegriff für alles irrationale an der Börse.[35] Damit wird unter Sentiment alles verstanden, was eine Abweichung zum Effizienz- und Rationalitätsparadigma darstellt.[36] Im Laufe der Forschung hat sich der Begriff jedoch weiter ausdifferenziert.[37] So wird Sentiment zum Beispiel von Baker/ Wurgler als Neigung zum Spekulieren definiert.[38] Eine andere mögliche Definition der Autoren ist Sentiment als allgemeiner Optimismus oder Pessimismus gegenüber Wertpapieren.[39] Beer/ Zouaoui definieren Sen-

---

[31] Der intrinsische Wert ist der nach der Fundamentalanalyse berechnete *faire Wert* einer Aktie.

[32] Auf die Contrary Opinion wird näher in Kapitel 2.3 eingegangen.

[33] Vgl. Theuerzeit, T. (2002), S. 2f.

[34] Vgl. Baker, M./ Wurgler, J. (2006), S. 1646.

[35] Vgl. Shleifer, A. (2000), S. 12.

[36] Vgl. ebd.

[37] Vgl. Janous, G. (2016), S. 69.

[38] Vgl. Baker, M./ Wurgler, J. (2006), S. 1648.

[39] Vgl. ebd., S. 1649.

timent als die Einschätzung über zukünftige Chancen und Risiken einer Aktie, welche nicht durch Fundamentaldaten gerechtfertigt ist.[40]

Dieser Ausschnitt an möglichen Definitionen von Sentiment ist hilfreich, um ein besseres Verständnis für den Ansatz der Sentimentanalyse zu bekommen. Eine klare Definition, was genau durch die Sentimentanalyse gemessen wird, ist innerhalb dieser Arbeit jedoch nicht nötig, sodass die Begriffe Sentiment und Anlegerstimmung weiterhin synonym verwendet werden.

Gemessen wird das Sentiment mit Indikatoren, welche es ermöglichen, die subjektive Stimmung der Anleger in Zahlen zu fassen.[41] Sentimentindikatoren können einerseits aus Anlegerbefragungen generiert werden.[42] Eine andere Möglichkeit ist das Heranziehen von Marktkennzahlen als Sentimentindikatoren. Bestimmte Marktkennzahlen eignen sich zur Messung des Sentiments, da sie im direkten Zusammenhang mit der Anlegerstimmung stehen.[43] Weiterhin wurden zusammengesetzte Sentimentindikatoren aus mehreren Sentimentmessungen entwickelt.[44] Durch diese soll das Sentiment besser gemessen werden, da Nachteile der einzelnen Indikatoren ausgeglichen werden.[45] Da Kapitel 4 explizit auf die Indikatoren zur Messung des Sentiments eingeht, sollen konkrete Ausführungen der verschiedenen Sentimentindikatoren an diesem Punkt nicht erfolgen.

2.3 Anwendung der Sentimentanalyse

Die Grundlage der Sentimentanalyse bildet die von Charles Mackay entwickelte Theorie der gegensätzlichen Meinung, die sogenannte Contrary Opinion. Die Kernthese dieser Theorie sagt aus, dass die breite Masse der Anleger stets falsch investiert ist und demnach Geld verliert.[46]

Hierbei wird davon ausgegangen, dass optimistische (pessimistische) Anleger bereits investiert (desinvestiert) sind oder in naher Zukunft dementsprechende Transaktionen tätigen werden. Ein erfolgreicher Anleger sollte demnach grund-

---

[40] Vgl. Beer, F./ Zouaoui, M. (2013), S. 51.

[41] Vgl. Auer, B. (2012), S. 378.

[42] Vgl. Theuerzeit, T. (2002), S. 2.

[43] Vgl. Beer, F./ Zouaoui, M. (2013), S. 51.

[44] Vgl. zum Beispiel in Baker, M./ Wurgler, J. (2006) sowie Beer, F./ Zouaoui, M. (2013).

[45] Vgl. Beer, F./ Zouaoui, M. (2013), S. 53.

[46] Vgl. Bergold, U./ Mayer, B. (2005), S. 174.

sätzlich konträr zur vorherrschenden Marktstimmung handeln: Ist das Sentiment der Anleger bezüglich der zukünftigen Kursentwicklung von Aktien durchweg negativ, sollten Aktien gekauft werden. Sind die Anleger dagegen durchweg positiv gestimmt, sollte verkauft werden.[47]

Die Grundidee der Contrary Opinion beschreibt bereits der erfolgreiche Bankier Rothschild zur Zeit der Napoleonischen Kriege mit den Worten: *„Kaufen, wenn die Kanonen donnern, verkaufen, wenn die Violinen spielen."*[48] Wann die Kanonen donnern (extremer Pessimismus) und wann die Violinen spielen (extremer Optimismus) soll mittels Sentimentindikatoren ermittelt werden. Ein Anleger sollte bei der Anwendung der Sentimentanalyse daher unbedingt beachten, dass Sentimentindikatoren Kontra-Indikatoren sind.

Warum die antizyklische Investmentstrategie mithilfe der Sentimentanalyse für Anleger vorteilhaft sein soll, kann durch das Zustandekommen einer Auf- und Abwärtsbewegung an der Börse argumentiert werden. Börsenexperte André Kostolany teilt die Anleger zur Erklärung der Kursbewegungen in zwei Kategorien ein: die Zittrigen und die Hartgesottenen.[49] Die Zittrigen stellen hierbei die breite Masse der Anleger dar. Die Hartgesottenen entsprechen den antizyklischen Anlegern. Das dazu passende Schaubild (siehe Abbildung 1) nennt sich das *Ei des Kostolany*, welches die Anwendung der Sentimentanalyse gut verdeutlicht.

---

[47]   Vgl. Braun, J. (2007), S. 104.

[48]   Rothschild, C. (Jahr und Herkunft unbekannt).

[49]   Vgl. Kostolany, A. (2016), S. 121.

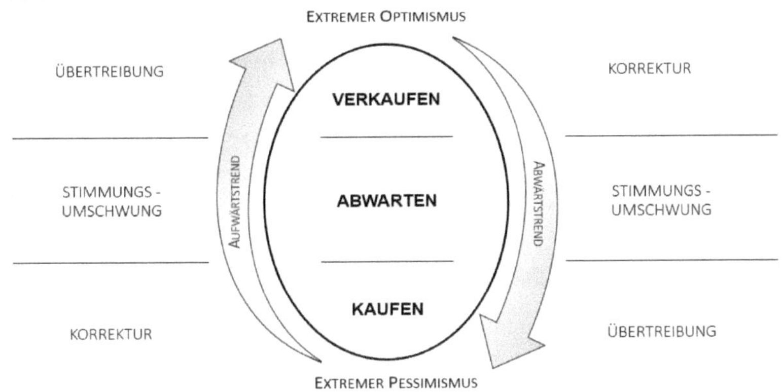

Abbildung 1: Das Ei des Kostolany

Quelle: in Anlehnung an Kostolany, A. (2016), S. 131.

Befinden sich die Aktienkurse auf dem Tiefpunkt, ist das ein Punkt des extremen Pessimismus – die Kanonen donnern. Spätestens zu diesem Zeitpunkt werden die Zittrigen panisch Aktienverkäufe tätigen. Der Angebotsüberhang an Aktien führt dazu, dass die Kurse deutlich unter die fundamentalen Bewertungen fallen. Für die Hartgesottenen ist dies der Zeitpunkt, zu dem sie für niedrige Preise Aktien kaufen. Bereits die geringste Nachfrage führt zu einer Aufwärtsbewegung, welche die Kurse wieder auf ein Niveau korrigiert, das gewissermaßen realistisch und berechtigt ist. Das Steigen der Kurse führt gleichzeitig dazu, dass das Sentiment der Zittrigen wieder positiv wird. Weiter steigende Kurse können in dieser Phase leicht zu einer Masseneuphorie führen, in der die Zittrigen fast panisch alles kaufen, was bereits stark gestiegen ist. Dies treibt die Kurse auf ein irrational hohes Niveau. Das Sentiment gilt zu diesem Zeitpunkt allgemein als extrem optimistisch – die Violinen spielen. Dies ist der Zeitpunkt, zu dem die Hartgesottenen ihre Investments zu Rekordpreisen verkaufen können. Sobald die Zittrigen vollständig am Markt investiert sind, können diese nicht mehr als Nachfrager auftreten und das geringste Angebot korrigiert die Kurse auf ein niedrigeres Niveau. Stark fallende Kurse versetzen die Zittrigen schnell in eine Massenpanik und in extremen Pessimismus, sodass die Kurse wieder Tiefstände erreichen und der Zyklus von vorne beginnt.[50]

---

[50] Vgl. Kostolany, A. (2016), S. 130ff. i.V.m. Davis, N. (2005), S. 11f.

3 Indikatoren zur Messung des Sentiments

Nachdem die Basis dieser Arbeit gelegt wurde, geht dieses Kapitel der Frage nach, wie das Sentiment der Anleger gemessen werden kann. Da es verschiedene Ansätze zur Messung gibt, werden die Sentimentindikatoren in Kapitel 3.1 zunächst kategorisiert. Dies ermöglicht es dem Leser, die in den weiteren Kapiteln vorgestellten Sentimentindikatoren einzuordnen.

3.1 Kategorisierung der Sentimentindikatoren

Zur Messung des Sentiments wurden im Zeitablauf eine Vielzahl an Indikatoren identifiziert. Grundsätzlich lassen sich die Messungen in zwei Kategorien einteilen. Die erste Kategorie enthält Indikatoren, welche durch direkte Befragung der Anleger generiert werden. Die zweite Kategorie enthält Indikatoren, die finanztheoretische Marktkennzahlen darstellen, welche in einen Zusammenhang mit dem Sentiment gebracht werden, sodass durch diese die Stimmung der Anleger indirekt abgeleitet werden kann. Da die Messung des Sentiments eine komplexe Aufgabe ist, hat sich eine weitere Kategorie gebildet. Die dritte Kategorie enthält Indikatoren, die aus mehreren potenziellen Sentimentmessungen der ersten und/oder zweiten Kategorie zusammengesetzt sind. So kann die Messung des Sentiments zusammenfassend in die Kategorien direkte Sentimentindikatoren, indirekte Sentimentindikatoren und zusammengesetzte Sentimentindikatoren unterteilt werden (siehe Abbildung 2).

Direkte Sentimentindikatoren stellen in diesem Sinne Auswertungen von Umfragen dar. Durch die explizite Befragung der Marktteilnehmer wird versucht, die Erwartungen der Anleger bezüglich der zukünftigen Entwicklung der Aktienmärkte direkt zu erfassen.[51] Die Antworten werden anschließend durch geeignete Instrumente quantifiziert dargestellt. Die Umfragen unterscheiden sich dabei sowohl in der Zielgruppe als auch in ihrer Fragestellung.

Vorteile von Umfrageauswertungen werden darin gesehen, einen direkten Einblick in den irrationalen Anleger zu bekommen, auch ohne ausgeklügelte Marktkennzahlen. Sie beruhen auf standardisierten Fragen, die eine präzise und regelmäßige Messung einer großen Anzahl von Anlegermeinungen ermöglichen.[52]

---

[51] Vgl. Beer, F./ Zouaoui, M. (2013), S. 51.
[52] Vgl. Beer, F./ Zouaoui, M. (2013), S. 52.

Indirekte Sentimentindikatoren sind Marktkennzahlen, die einen Bezug zum Sentiment aufweisen.[53] Die Idee dahinter ist, dass sich die Stimmung im Verhalten der Anleger auswirkt. Der Optimismus beziehungsweise der Pessimismus der Anleger sollte demnach entsprechende Handlungen nach sich ziehen, welche sich wiederum in bestimmten Marktkennzahlen niederschlagen. Mit anderen Worten stützen sich die indirekten Sentimentindikatoren nicht auf das, was die Anleger sagen, sondern auf das, was die Anleger tatsächlich tun.

Der Vorteil von Marktkennzahlen ist die, im Vergleich zur Durchführung von Anlegerbefragungen, relativ einfache Ermittlung. Sie spiegeln das Niveau des Sentiments zahlenmäßig wider, ohne eine komplizierte Auswertung durchführen zu müssen. Zudem stehen Marktkennzahlen in Echtzeit zur Verfügung.[54]

Trotz der großen Auswahl an verschiedenen direkten und indirekten Indikatoren existiert bisher noch keine perfekte oder unumstrittene Methode zur Messung von Sentiment.[55] Es liegt auf der Hand, dass die konkrete Quantifizierung der Emotionen und Meinungen von Millionen von Anlegern eine schwierige Aufgabe ist. Deshalb wurden in der Literatur zusammengesetzte Sentimentindikatoren entwickelt. Diese bestehen aus mehreren potenziellen Sentimentmessungen. Durch die Verwendung verschiedener imperfekter Indikatoren sollen Schwächen der einzelnen Indikatoren ausgeglichen und die jeweiligen Vorteile genutzt werden, was zu einer Verbesserung der Messung führt.[56] Zusammengesetzte Sentimentindikatoren können aus mehreren Indikatoren einer Kategorie oder aus einer Mischung aus direkten und indirekten Indikatoren gebildet werden.

---

[53] Vgl. ebd., S. 51.
[54] Vgl. ebd., S. 52.
[55] Vgl. Baker, M./ Wurgler, J. (2006), S. 1646.
[56] Vgl. Beer, F./ Zouaoui, M. (2013), S. 53.

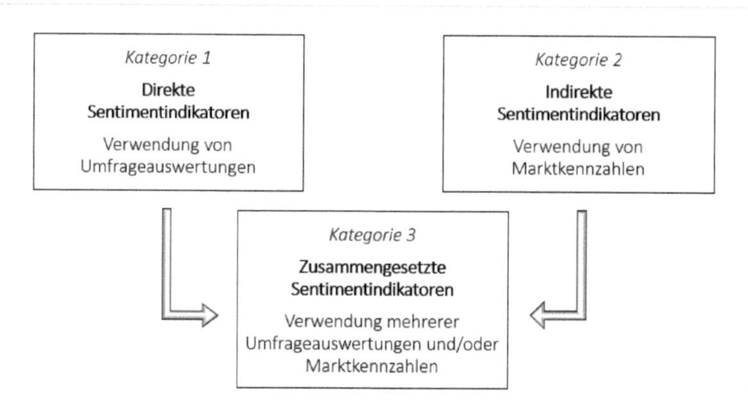

Abbildung 2: Die drei Kategorien der Sentimentindikatoren

Quelle: Eigene Darstellung.

Im Folgenden werden verschiedene Sentimentindikatoren der drei Kategorien vorgestellt. Ziel ist es dabei nicht, alle möglichen Indikatoren der verschiedenen Kategorien aufzuzeigen, sondern vielmehr die Überlegungen hinter den Indikatoren zu erläutern. Es wird sich deshalb auf eine begrenzte Anzahl an Sentimentindikatoren beschränkt. Aufgrund der im folgenden Kapitel aufgeführten Kritik an Anlegerbefragungen und dem begrenzten Rahmen der Arbeit, werden die direkten Sentimentindikatoren nicht detailliert ausgeführt, sondern unter dem Überbegriff Umfrageauswertungen behandelt. Des Weiteren werden sechs indirekte Sentimentindikatoren vorgestellt, wobei drei unter die Marktkennzahlen der Unternehmensfinanzierung fallen. Für die Kategorie der zusammengesetzten Sentimentindikatoren fiel die Wahl auf den von Baker/ Wurgler[57] entwickelten Stimmungsindex SENT.

---

[57] Vgl. Baker, M./ Wurgler, J. (2006).

3.2 Umfrageauswertungen

Die direkte Messung des Sentiments mittels Auswertung von Anlegerbefragungen wird auch als klassische Sentimentanalyse bezeichnet.[58] Die American Association of Individual Investors[59] führt seit 1987 Umfragen unter privaten Anlegern durch.[60] Inzwischen gibt es zahlreiche Institute, die sich mit der Psychologie der Anleger beschäftigen. Meistens verwenden diese zur Messung des Sentiments wöchentliche webbasierte Befragungen von privaten und/oder institutionellen Anlegern. Für die Einschätzung der zukünftigen Marktentwicklung können Anleger zwischen verschiedenen Antwortmöglichkeiten wählen. Dabei wird zwischen kurzfristiger und mittelfristiger Markteinschätzung unterschieden. Aus diesen Umfragen werden dann verschiedene Indikatoren zur Analyse des Sentiments berechnet und im Internet kostenlos zur Verfügung gestellt.

Die bekannteste deutsche Adresse für klassische Sentimentanalysen ist die sentix GmbH. Diese führt seit Februar 2001 Anlegerbefragungen durch. Nach eigenen Angaben sind inzwischen rund 5000 Anleger bei sentix registriert, darunter ca. 1000 institutionelle Anleger. Aus den wöchentlichen Umfragen werden ca. 400 verschiedene Indikatoren zur Analyse des Sentiments berechnet.[61]

Der bedeutendste Indikator der sentix GmbH ist der *sentix-Sentiment-Index*, welcher durch globale Befragung von privaten und institutionellen Anlegern verschiedener Nationalitäten erhoben wird. Befragt werden die Anleger nach ihrer kurzfristigen (ein Monat) und langfristigen (sechs Monate) Einschätzung zur Entwicklung diverser Aktienmärkte. Als Antwort können die Befragten zwischen vier Möglichkeiten wählen: *bullish* (ein steigender Markt wird erwartet), *neutral* (ein seitwärtstendierender Markt wird erwartet), *bearish* (ein fallender Markt wird erwartet) oder *keine Meinung*. Der Indikator zur Auswertung der Umfrageergebnisse berechnet sich wie folgt:

---

[58]   Vgl. Theuerzeit, T. (2002), S. 2.

[59]   Weitere Informationen zur American Association of Individual Investors sind unter www.aaii.com zu   finden.

[60]   Vgl. Brown, G./ Cliff, M. (2004), S. 7.

[61]   Vgl. sentix GmbH: Daten und Fakten, URL: http://www.sentix.de/index.php/Unternehmensinformationen/daten-und-fakten.html; 11.03.2018.

$$\text{sentix-Sentiment-Index} = \frac{\sum \text{bullish} - \sum \text{bearish}}{\sum \text{Stimmabgaben}}$$

Ein positiver Wert steht hierbei für optimistische Anleger und hohes Sentiment, ein negativer für pessimistische Anleger und niedriges Sentiment.[62]

Ergänzend zu diesem Indikator können Anleger für ihre Investmententscheidungen den *sentix-Neutrality-Index* heranziehen, der aus den selben Umfrageergebnissen ermittelt wird. Anderes als der *sentix-Sentiment-Index* fokussiert dieser nicht die optimistischen und pessimistischen Anleger, sondern den Anteil der Anleger, die bei der Befragung eine neutrale Haltung eingenommen haben. Damit können Aussagen über die aktuelle Verunsicherung der Anleger getroffen werden. Extremwerte des Index in die eine oder andere Richtung deuten auf eine unmittelbar anstehende Veränderung der Meinungen und damit einer bevorstehenden Trendwende hin.[63]

Darüber hinaus bietet sentix weitere 13 Indikatorengruppen[64] unter anderem zur Anlegerpositionierung, zur Konjunktur und der Attraktivität der Assetklassen. Die Indikatoren werden analog ermittelt, berechnet und interpretiert.

Außer den Indikatoren von sentix bieten sich für den Anleger zahlreiche weitere Umfrageauswertungen verschiedener Institute. Als weitere bedeutende Indikatoren zählen zum Beispiel der durch das Zentrum für Europäische Wirtschaftsordnung erhobene *German Market Indikator* und der im Auftrag der deutschen Börse AG erhobene *Bull/Bear-Index* der Cognitrend GmbH.[65] Anders als für die sentix-Indikatoren werden hier ausschließlich institutionelle Anleger zu ihrer zukünftigen Markteinschätzung befragt. Ansonsten ähnelt die Berechnung und Interpretation der Beschreibung des *sentix-Sentiment-Index*, sodass auf eine detaillierte Ausführung der Indikatoren an dieser Stelle verzichtet wird.

Vielmehr soll an diesem Punkt eine kritische Betrachtung der direkten Sentimentmessungen erfolgen. Die explizite Befragung und die für jeden Anleger zur

---

[62] Vgl. sentix GmbH: sentix Sentiment Index, URL: http://www.sentix.de/index.php/item/sntm.html; 11.03.2018.

[63] Vgl. ebd.: sentix Neutrality Index, URL: http://www.sentix.de/index.php/item/sntn.html; 11.03.2018.

[64] Zur Aufführung der verschiedenen Indikatoren von sentix siehe http://www.sentix.de/index.php/category/indikatoren.html; 11.03.2018.

[65] Vgl. Auer, B. (2012), S. 378f.

Verfügung stehenden Umfrageauswertungen sprechen einerseits für die Verwendung von direkten Indikatoren zur Messung des Sentiments. Das Problem der direkten Sentimentindikatoren liegt andererseits bei der allgemeinen Kritik an Umfragen.

Ökonomen behandeln direkte Sentimentindikatoren deshalb mit einem gewissen Grad an Misstrauen. Sowohl die Stichprobengröße, als auch die Frequenz der Erhebungen, seien zu gering, um den Anlegern wirklich als Entscheidungshilfe zu dienen. Die Repräsentativität der Stichprobe auf den Gesamtmarkt ist möglicherweise nicht gegeben. Zudem unterliegen Umfragen oftmals systematischen Verzerrungen, da die subjektive Wahrnehmung der Befragten eine große Rolle spielt. Die Art und Weise, wie Menschen auf Umfragen antworten, und wie sie sich tatsächlich positionieren, kann unterschiedlich sein. Es besteht die Gefahr, dass die Befragten ungenau antworten oder Fragen falsch verstanden werden. Ein weiteres Problem liegt darin, dass sich die meisten Umfragen über mehrere Tage erstrecken. Somit können sich unterschiedliche Informationsstände und damit Meinungen der Befragten vermischen.[66]

Diese Nachteile der direkten Messung erklären, warum in der Literatur vor allem indirekte Messungen mit Marktkennzahlen als implizite Stimmrechtsvertreter verwendet werden.

3.3 Put-Call-Ratio

Die Put Call Ratio (PCR) ist der wohl bekannteste indirekte Sentimentindikator. Die Marktkennzahl wird allgemein definiert als Verhältnis der Anzahl der Verkaufsoptionen (Puts) und der Anzahl der Kaufoptionen (Calls).[67]

$$PCR = \frac{\text{Anzahl gehandelter Puts}}{\text{Anzahl gehandelter Calls}}$$

Käufer von Puts setzen auf Kursrückgänge und können als Pessimisten betrachtet werden. Käufer von Calls setzen auf Kurssteigerungen und gelten als Optimisten. Eine PCR größer als Eins zeigt damit, dass die pessimistischen Anleger überwiegen. Eine PCR kleiner als Eins zeigt eine größere Anzahl optimistischer Anleger.

---

[66] Vgl. Beer, F./ Zouaoui, M. (2013), S. 52; Auer, B. (2012), S. 380.
[67] Vgl. Auer, B. (2012), S. 380.

Ist die PCR also größer (kleiner) als Eins, deutet das auf ein negatives (positives) Sentiment hin.[68]

Die weltweit am meisten verwendeten PCRs zur Quantifizierung des Sentiments werden von der Chicago Board Options Exchange (CBOE)[69] veröffentlicht. Die gehandelten Puts und Calls beziehen sich auf den Markt der USA. Die PCRs werden täglich berechnet und auf der CBOE-Website frei zur Verfügung gestellt. Bei der Berechnung der PCRs wird unterschieden in Optionen des ganzen Marktes (Total PCRs), Aktienoptionen (Equity PCRs) und Indexoptionen (Index PCRs). Die historischen Daten reichen jeweils bis zum 17. Oktober 2003 zurück.[70]

Bandopadhyaya/ Jones verwenden die PCRs der CBOE, um das Sentiment der Anleger zu messen. Sie fanden heraus, dass ein signifikanter Zusammenhang zwischen der PCR und der nicht-fundamental begründbaren Varianz des Standard & Poor's 500 (S&P 500) besteht. Weiterhin vergleichen Bandopadhyaya/ Jones die PCR mit dem Volatility Index, der ebenfalls von der CBOE berechnet und veröffentlicht wird. Das Ergebnis ist, dass die PCR ein besserer Indikator zur Messung des Sentiments ist als der Volatility Index.[71]

Brown/ Cliff sowie Simon/ Wiggins kommen zu dem Ergebnis, dass hohe PCRs ein Indikator für niedriges Sentiment sind.[72] Sie bestätigen damit die theoretischen Überlegungen zur Gegenläufigkeit der PCR mit dem Sentiment.

3.4 Closed-End Fund Discount

Der Closed-End Fund Discount (CEFD) gehört zu den in der Literatur meistdiskutierten indirekten Indikatoren.[73]

Closed-end fund ist der englische Begriff für geschlossene Investmentfonds. Verwaltet werden geschlossene Fonds von Investmentgesellschaften. Die Funktionsweise entspricht der, der offenen Fonds: Handelt es sich um einen Aktienfonds,

---

[68] Vgl. Bandopadhyaya, A./ Jones, A. (2008), S. 28.

[69] Weitere Informationen zur Chicago Board Options Exchange sind unter www.cboe.com zu finden.

[70] Vgl. Cboe Exchange, Inc.: Cboe Volume & Put/Call Ratios, URL:
www.cboe.com/data/historical-options-data/volume-put-call-ratios; 07.03.2018.

[71] Vgl. Bandopadhyaya, A./ Jones, A. (2008), S. 27.

[72] Vgl. Brown, G./ Cliff, M. (2004), S. 11; Simon, D./ Wiggins, R. (2001), S. 451.

[73] Vgl. Baker, M./ Wurgler, J. (2007), S. 137; Lee, C./ Shleifer, A./ Thaler, R. (1991), S. 75f.

werden mit dem, von den Anlegern eingezahlten Geld, Aktien gekauft. Die Anleger erhalten dafür Anteilsscheine, welche an der Börse gehandelt werden können.

Anders als bei offenen Investmentfonds, bei denen die Anzahl der Anteilsscheine theoretisch unbegrenzt ist, wird bei geschlossenen Fonds nur eine begrenzte Anzahl an Anteilen ausgegeben. Sobald die vorher festgelegte Investitionssumme erreicht ist, wird der Fonds geschlossen. Zudem nimmt die Investmentgesellschaft die Anteile nicht mehr zum Nettoinventarwert zurück.[74]

Der Anteilseigner des geschlossenen Fonds muss also früher oder später selbst einen Käufer am Kapitalmarkt finden. Je nachdem, was der Käufer für die Anteile bereit ist zu zahlen, ergibt sich ein Abschlag (Discount) oder seltener ein Aufschlag (Premium) auf den Nettoinventarwert. Berechnet wird der CEFD damit aus der Differenz der Summe der Nettoinventarwerte und der Summe der tatsächlich erzielten Marktpreise.[75]

Erklärt werden kann die Ausprägung des CEFD durch das Sentiment der Anleger. Sind deren Erwartungen über zukünftige Börsenkurse pessimistisch, ergibt sich ein besonders hoher Abschlag.[76] Sind die Anleger optimistisch, so kann ein relativ niedriger Abschlag oder sogar ein Aufschlag erzielt werden.[77] Somit besteht ein gegenläufiger Zusammenhang zwischen CEFD und dem Sentiment.[78]

3.5 Dividendenprämie

Die Dividendenprämie als indirekter Sentimentindikator errechnet sich als durchschnittliche Differenz aus dem Kurs-Buchwert-Verhältnis dividendenzahlender Unternehmen und dem Kurs-Buchwert-Verhältnis nicht-dividendenzahlender Unternehmen. Die Dividendenprämie eignet sich deshalb als Sentimentindikator, da die Variablen vom Sentiment der Anleger abhängig sind. Sind die Anleger pessimistisch, investieren sie eher in Unternehmen, welche Dividenden zahlen. Grund dafür ist, dass Dividendenzahlungen für Anleger eine gewisse Sicherheit darstellen. Mit steigender Nachfrage nach dividendenzahlenden Unternehmen, steigen auch deren Kurse. Unter der Annahme, dass das Ei-

---

[74] Vgl. Lee, C./ Shleifer, A./ Thaler, R. (1991), S. 75.
[75] Vgl. Baker, M./ Wurgler, J. (2006), S. 1655.
[76] Vgl. Baker, M./ Wurgler, J. (2007), S. 137.
[77] Vgl. Lee, C./ Shleifer, A./ Thaler, R. (1991), S. 75.
[78] Vgl. Baker, M./ Wurgler, J. (2006), S. 1655.

genkapital (Buchwert) der dividendenzahlenden Unternehmen gleichbleibt, steigt deren Kurs-Buchwert-Verhältnis und folglich die Dividendenprämie. Hohe Dividendenprämien zeigen damit niedriges Sentiment. Im Umkehrschluss investieren optimistische Anleger eher in nicht-dividendenzahlende Unternehmen, da diese für mehr Wertsteigerungspotenzial stehen als dividendenzahlende Unternehmen. Das Kurs-Buchwert-Verhältnis nicht-dividendenzahlender Unternehmen steigt durch die erhöhte Nachfrage und die Dividendenprämie sinkt. Niedrige Dividendenprämien zeigen deshalb hohes Sentiment.[79]

3.6 Marktkennzahlen der Unternehmensfinanzierung

Es existieren drei Marktkennzahlen, die auf die Finanzierungstätigkeit von Unternehmen zurückgehen und durch welche das Sentiment indirekt abgeleitet werden kann.

Die ersten beiden Sentimentindikatoren stehen im Zusammenhang mit der Erstplatzierung von Aktien im Zuge eines Börsengangs, dem sogenannten Initial Public Offering (IPO). IPOs stellen für Unternehmen eine Form der Eigenkapitalfinanzierung dar. Das Phänomen, dass in einigen Monaten eine Vielzahl von Unternehmen IPOs durchführen und in anderen Monaten wiederum kein einziges Unternehmen, kann durch das unterschiedliche Sentiment erklärt werden.[80] Sind die Anleger außerordentlich optimistisch, investieren sie mit Begeisterung und ohne große Bedenken in IPOs. Die Erwartungen über das Wachstums- und Gewinnpotenzial der jungen Unternehmen sind bei optimistischen Anlegern besonders groß.[81] Durch die große Nachfrage nach Neuemissionen steigt der Kurs am Emissionstag stark an und der IPO gilt als erfolgreich. Es ist logisch, das Unternehmen versuchen, diesen Effekt auszunutzen.[82] Die *Anzahl der IPOs* sowie *Ersttagsrenditen der IPOs* eignen sich daher als Sentimentindikatoren. Eine hohe Anzahl beziehungsweise hohe Ersttagsrenditen der IPOs zeigen hohes Sentiment und umgekehrt.

Die dritte Marktkennzahl *Eigenkapitalanteil von Neuemissionen* bezieht sich ebenfalls auf die Finanzierungstätigkeit von Unternehmen. Durch das Verhältnis von

---

[79] Vgl. ebd.

[80] Vgl. Baker, M./ Wurgler, J. (2007), S. 138.

[81] Vgl. Ritter, J. (1991), S. 3.

[82] Vgl. ebd.

Aktienemissionen zu den gesamten Aktien- und Schuldtitelemissionen sollen Aussagen über das Sentiment abgeleitet werden können. Unter Aktienemissionen fallen dabei nicht nur IPOs, sondern das gesamte Aktienangebot.[83]

Der Grundgedanke hinter diesem Indikator ist, dass Unternehmen stets versuchen, ihre Eigenkapitalkosten möglichst gering zu halten.[84] Unter der Annahme, dass Aktienemissionen vor allem während einer Phase hohen Sentiments vorteilhaft für die Unternehmen sind, steht ein hoher Eigenkapitalanteil für optimistische Anleger. Sind die Anleger dagegen überwiegend pessimistisch eingestellt, sinkt die Nachfrage nach Aktien. Stattdessen steigt, wegen der festen Verzinsung, die Nachfrage nach Unternehmensanleihen. Ein niedriger Eigenkapitalanteil steht daher für niedriges Sentiment und umgekehrt.[85]

3.7 SENT

Die Amerikaner Malcolm Baker und Jeffrey Wurgler entwickelten 2006 einen zusammengesetzten Sentimentindikator namens SENT, um die Auswirkungen des Sentiments auf den Querschnitt von Aktienrenditen zu erforschen. Da in bisherigen Forschungsarbeiten kein unumstrittener und perfekter Indikator zur Messung des Sentiments identifiziert werden konnte, verwenden die Autoren mehrere einzelne Sentimentindikatoren. Hierdurch sollen die jeweils enthaltenen Zusammenhänge der Indikatoren mit dem Sentiment verdichtet und die Messung folglich verbessert werden. Zur Entwicklung des SENT berücksichtigen die Autoren, damit sich das Sentiment nicht zeitgleich in allen Indikatoren niederschlägt. Nach zusätzlicher Einarbeitung von sechs makroökonomischen Größen berechnet sich der zusammengesetzte Indikator letztendlich durch folgende Formel:

$$SENT_t = -0.198CEFD_t + 0.225TURN_{t-1} + 0.234NIPO_t + 0.263RIPO_{t-1} + 0.211S_t - 0.243P^{D-ND}_{t-1}$$

Baker/Wurgler verwenden für die Messung des Sentiments sechs indirekte Sentimentindikatoren: den Discount von Closed-End Funds, das Volumen des Börsenumsatzes (TURN), die Anzahl der IPOs (NIPO) sowie Ersttagsrenditen der

---

[83] Vgl. Baker, M./ Wurgler, J. (2007), S.138.
[84] Vgl. ebd.
[85] Vgl. Baker, M./ Wurgler, J. (2000), S. 2248.

IPOs (RIPO), den Eigenkapitalanteil von Neuemissionen (S) und die Dividenden-prämie (P[D-ND]).[86]

Fünf dieser Marktkennzahlen wurden in diesem Kapitel bereits vorgestellt. Zusätzlich verwenden die Autoren das Börsenumsatzvolumen als Sentimentindikator. Der Indikator zeigt das Verhältnis des aktuellen Handelsvolumens zu dem durchschnittlichen Handelsvolumen der New York Stock Exchange.[87] Ein außerordentlich hohes Handelsvolumen ist ein Zeichen der Überbewertung beziehungsweise dem relativ hohen Anteil an irrationalen Anlegern am Markt.[88]

Hierbei ist zu erwähnen, dass das Börsenumsatzvolumen in den von Baker/ Wurgler entwickelten Index SENT seit 2016 nicht mehr in die Berechnungen mit einfließt. Das Börsenumsatzvolumen eignet sich in der heutigen Situation nicht mehr als Sentimentindikator. Als Gründe nennen die Autoren den institutionellen Hochfrequenzhandel und die Verlagerung des Handels auf eine Vielzahl von Handelsplätzen.[89]

---

[86] Vgl. Baker, M./ Wurgler, J. (2006), S. 1655ff.

[87] Vgl. Baker, M./ Wurgler, J. (2006), S. 1656.

[88] Vgl. Baker, M./ Stein, J. (2004), S. 273.

[89] Vgl. Wurgler, J.: Investor sentiment data, URL: http://people.stern.nyu.edu/jwurgler/; 07.03.2018.

4 Untersuchung zum praktischen Nutzen von Sentimentindikatoren

In Kapitel 4 geht es nun darum, den praktischen Nutzen von Sentimentindikatoren zu untersuchen. Als Basis dieser Untersuchung dienen insbesondere die in Kapitel 3 vorgestellten Sentimentindikatoren in Verbindung mit dem Wissen aus Kapitel 2.3 über die Anwendung der Sentimentanalyse. Als Ansatz der Untersuchung dient die Methode von Michael Decker[90], welcher in seiner Arbeit ebenfalls zwei Sentimentindikatoren auf ihren praktischen Nutzen hin untersuchte. So werden Gedankengänge des Autors in dieser Untersuchung teilweise übernommen beziehungsweise weitergeführt.

In Kapitel 4.1 wird zunächst die der Untersuchung zugrunde gelegten Datenbasis erläutert. Diese besteht aus zwei ausgewählten Sentimentindikatoren und einem Basiswert. Anschließend werden die Sentiment-Daten in Kapitel 4.2 analysiert. Kapitel 4.3 untersucht einerseits Zusammenhänge der beiden Sentimentindikatoren und andererseits Zusammenhänge zwischen den Sentimentindikatoren und dem Basiswert. Darauf aufbauend wird in Kapitel 4.4 jeweils eine anwendbare Handelsstrategie auf Basis der Sentimentindikatoren herausgearbeitet. Anschließend wird überprüft, wie erfolgreich ein Anleger mit der jeweiligen Handelsstrategie theoretisch gewesen wäre, wenn er während eines vergangenen Zeitraumes nach dieser Strategie gehandelt hätte. Abschließend erfolgt in Kapitel 4.5 eine Zusammenfassung der Untersuchungserkenntnisse.

4.1 Datenbeschreibung

Aufgrund der hervorgebrachten Schwächen der direkten Sentimentindikatoren werden Umfrageauswertungen in dieser Untersuchung nicht verwendet. Stattdessen fiel die Auswahl auf die PCR sowie den von Baker und Wurgler entwickelten Index SENT.

Die Sentiment-Daten des SENT sind auf der Webseite von Jeffrey Wurgler unter der Kategorie *Data* als Excel-Download veröffentlicht. Die historischen Datenreihen umfassen den Zeitraum von Ende Juli 1965 bis Ende September 2015. Die Daten liegen in monatlicher Messfrequenz vor und berechnen sich aus den Marktkennzahlen der USA. Durch ein Update am 31. März 2016 fliest der Indika-

---

[90] Vgl. Decker, M. (2009).

tor Börsenumsatzvolumen nicht mehr in die Berechnung des SENT mit ein. Die Daten wurden für den vergangenen Zeitraum aktualisiert und basieren auf einem Index aus fünf Sentimentindikatoren.[91]

Da der SENT das Sentiment des amerikanischen Marktes misst, müssen bei der PCR aufgrund der Vergleichbarkeit die Puts und Calls ebenfalls für die USA herangezogen werden. Für die Sentiment-Daten der PCR finden deshalb die veröffentlichten Daten der CBOE Verwendung. Die Auswahl zwischen den drei verschiedenen Ratios fiel auf die Total PCR. Damit wird dem Beispiel von Bandopadhyaya/ Jones[92] gefolgt, welche in ihrer Untersuchung die Puts und Calls ebenfalls für den gesamten Markt (Aktien- und Indexoptionen) verwenden. Zur Verfügung stehen die täglichen Puts und Calls sowie die daraus errechnete PCRs seit dem 17.10.2003.

Als Grundlage der Untersuchung wird der S&P 500 als Basiswert gewählt. Der Aktienindex umfasst die 500 größten US-amerikanischen Unternehmen. Die historischen Tagesschlusskurse des S&P 500 können im Internet bis zum Jahr 1998 heruntergeladen werden.[93] Die Tagesschlusskurse stehen für die Untersuchung somit seit dem 01.01.1998 zur Verfügung.

4.2 Analyse der Sentiment-Daten

In einem ersten Schritt sollen die jeweils zur Verfügung stehenden Vergangenheitsdaten der beiden Sentimentindikatoren analysiert werden. Dazu werden zunächst jeweils Diagramme erstellt. Diese zeigen das Niveau der Anlegerstimmung zahlenmäßig ausgedrückt für jedes Datum, zu dem ein Messwert zur Verfügung steht. Aufgrund des umfangreichen Datenmaterials werden ergänzend Parameter der deskriptiven Statistik berechnet und interpretiert.

Abbildung 3 zeigt den SENT für den Zeitraum Ende Juli 1965 bis Ende September 2015.

---

[91] Vgl. Wurgler, J.: Investor sentiment data, URL: http://people.stern.nyu.edu/jwurgler/; 07.03.2018.

[92] Vgl. Bandopadhyaya, A./ Jones, A. (2008).

[93] Vgl. onvista: S&P 500 Index - Historische Kurse zum S&P 500, URL: https://www.onvista.de/index/S-P-500-Index-4359526; 07.03.2018.

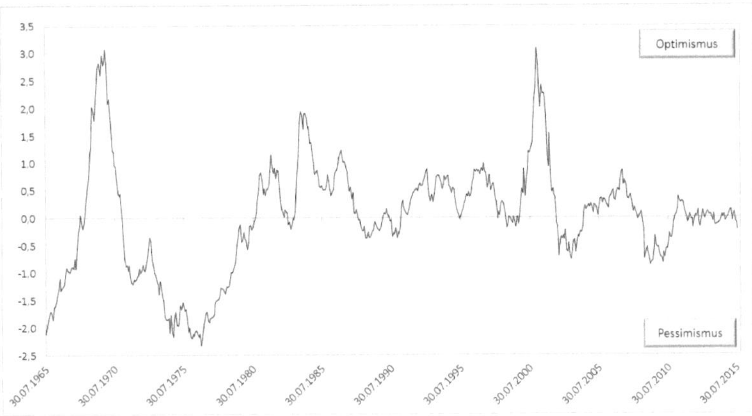

Abbildung 3: SENT 1965–2015

Quelle: Eigene Darstellung.[94]

Die Werte des SENT schwanken im betrachteten Zeitraum zwischen -2,33 und +3,08. Negative Werte zeigen eine pessimistische Anlegerstimmung, positive Werte eine optimistische Anlegerstimmung. Der Mittelwert der Datenreihe liegt genau bei 0,00. Dies bedeutet, dass die gemessene Anlegerstimmung in der Vergangenheit im Durchschnitt genauso optimistisch wie pessimistisch war. Bei Betrachtung von Abbildung 3 zeigt sich jedoch, dass trotz des Mittelwertes von 0,00 die gemessene Anlegerstimmung zeitlich mehrheitlich im positiven Wertebereich liegt. Unter Vernachlässigung der Messungen bis Ende 1980 zeigt sich grafisch ein eher positives als negatives Sentiment. Ab Ende 1980 erreicht der SENT nur noch Negativwerte bis -0,87 was zu einem positiven Mittelwert von 0,30 führt. Weiterhin zeigt Abbildung 3 einen deutlichen Trendverlauf des SENT. Eine Ausnahme ist die Entwicklung in der jüngeren Vergangenheit. Seit 2012 schwanken die Werte eng um die Nulllinie und erreichen keine sichtbaren optimistischen oder pessimistischen Niveaus.

Auffällig sind die extremen Stimmungsniveaus um die Jahre 1969, 1976 und 2001. Erklären lassen sich diese Extremwerte durch den relativ guten Abgleich mit den historischen Ereignissen. Mehrere Autoren berichten vor 1970 von einer hohen Nachfrage nach kleinen, jungen Wachstumsunternehmen. Dies führte zu einer starken Aufwärtsbewegung der Aktienkurse, getrieben durch den hohen

---

 Ein Ausschnitt der Datenbasis des SENT ist Anhang 1, Tabelle 2 zu entnehmen.

Optimismus der Anleger. Diese Blase platzte Anfang 1970 und lies die Anlegerstimmung auf ein niedriges Niveau sinken. Ende 1990 wurde wieder eine hohe Spekulationsneigung, vor allem in Bezug auf junge Internetunternehmen registriert. Die sogenannte Dotcom-Blase platzte Anfang 2000. Dieser Ausschnitt an bedeutenden Börsenereignissen der USA in Verbindung mit der grafischen Darstellung des SENT erlauben ein vorläufiges Urteil über die Richtigkeit der quantitativen Messung des Sentiments.[95]

Bei der PCR werden durch die tägliche Messung und durch die hohe Volatilität der Daten grafische Darstellungen sehr leicht unübersichtlich. Deshalb wird der gleitende Durchschnitt (GD) der PCR berechnet und visualisiert. Durch das statistische Glättungsverfahren, welches ein bekanntes Instrument der technischen Aktienanalyse ist, sollen Kursausschläge eliminiert werden.[96] Als Periodenlänge des GD werden 21 Handelstage angenommen, da dies einem Monatszyklus entspricht.

Abbildung 4 zeigt den 21-Perioden GD der PCR für den Zeitraum 17.10.2003 bis 06.03.2018.

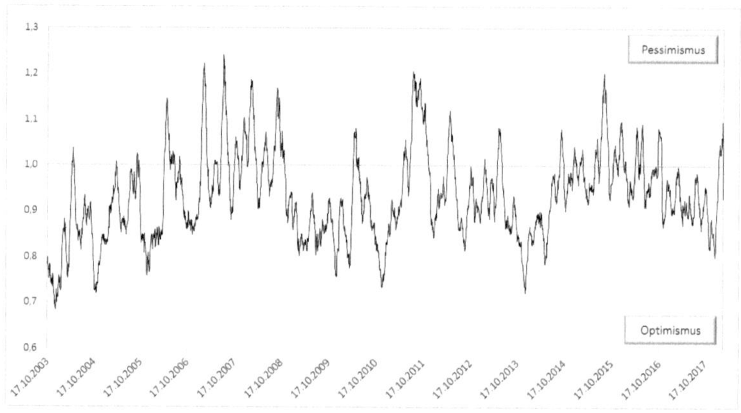

Abbildung 4: PCR 21-Perioden GD 2003–2018

Quelle: Eigene Darstellung.[97]

---

95 Vgl. Baker, M./ Wurgler, J. (2006), S. 1650ff.

96 Vgl. Fugger, H. (2000), S. 177.

97 Ein Ausschnitt der Datenbasis der PCR und des errechneten 21-Perioden GD ist Anhang 1, Tabelle 3 zu entnehmen.

Die Werte der PCR schwanken im betrachteten Zeitraum ohne Durchschnittsbildung zwischen 0,32 und 1,69. Anders als beim SENT schwanken die Daten nicht um Null, sondern um Eins. Werte kleiner Eins zeigen eine optimistische Anlegerstimmung, Werte größer Eins eine pessimistische Anlegerstimmung.[98] Der Mittelwert der Datenreihe liegt bei 0,93. Dies bedeutet, dass die gemessene Anlegerstimmung in der Vergangenheit überwiegend optimistisch war. Von den 3617 Messungen liegen 70 % unter Eins. Ein Trendverlauf der PCR ist nicht zu erkennen. Trotz der Durchschnittsbildung zeigt Abbildung 4 eine hohe Volatilität der PCR. Die Anleger scheinen teilweise mehrmals im Jahr ihre Stimmung zu wechseln. Herausstechende Extrema, wie beim Verlauf des SENT, sind bei der PCR ebenfalls nicht erkennbar.

4.3 Überprüfung auf Zusammenhänge

Nachdem ein erster Eindruck zu den Sentimentindikatoren vermittelt wurde, sollen die Daten in einem nächsten Schritt auf Zusammenhänge überprüft werden. Zunächst wird der Zusammenhang zwischen dem SENT und der PCR betrachtet. Da beide Indikatoren im Prinzip das Gleiche messen, sprich die Stimmung der Anleger auf dem amerikanischen Finanzmarkt, ist eine Gegenüberstellung interessant. Weiterhin soll überprüft werden, ob und inwiefern ein Zusammenhang zwischen den Sentimentindikatoren und dem Kursverlauf des S&P 500 besteht. Nur, wenn Zusammenhänge erkennbar sind, kann eine Handelsstrategie auf Basis der Indikatoren zielführend sein.

Um die beiden Sentimentindikatoren auf Parallelen untersuchen zu können, wird nun der gemeinsame Zeitraum der Indikatoren betrachtet. Damit beide Indikatoren um den gleichen Wert schwanken, wird die PCR auf Null normiert, indem von jeder Ratio der Wert eins subtrahiert wird. Damit der Gleichlauf von Optimismus und Pessimismus besser erkennbar ist, wird zusätzlich das Vorzeichen der normierten PCR-Werte vertauscht. Positive Werte der PCR zeigen somit eine positive Messung der Anlegerstimmung und umgekehrt. Da beim SENT nur Monatsendwerte vorliegen, wird jeder SENT-Wert dem jeweiligen Monatsendwert der PCR zugeordnet. Da somit die Fülle der Daten reduziert wird, kann auf eine Durchschnittsbildung der PCR verzichtet werden.

---

[98] Zur Erklärung dieses Zusammenhangs siehe Kapitel 3.3.

Bei Betrachtung von Abbildung 5 fällt auf, damit die Sentimentindikatoren die Stimmung nicht in gleicher Weise abbilden. Die PCR zeigt fast über den gesamten Zeitraum relativ gleichmäßig kurzfristige Schwankungen zwischen Optimismus und Pessimismus, während der SENT bis 30.10.2011 kontinuierlich langfristige Stimmungsniveaus zeigt. Nur im Zeitraum von Ende 2004 bis Ende 2006 zeigen beide Indikatoren für eine längere Periode die gleiche Stimmung. Bei Analyse der Werte zeigen die Indikatoren in 65 % der Messungen gleichzeitig Pessimismus beziehungsweise Optimismus. Ob dieser leichte Gleichlauf der Werte lediglich Zufall ist oder ob er für einen Zusammenhang spricht, ist aufgrund des einge-schränkten Betrachtungszeitraumes ungewiss. Es lässt sich festhalten, dass keine signifikanten Zusammenhänge zwischen den beiden Sentimentindikatoren beste-hen.

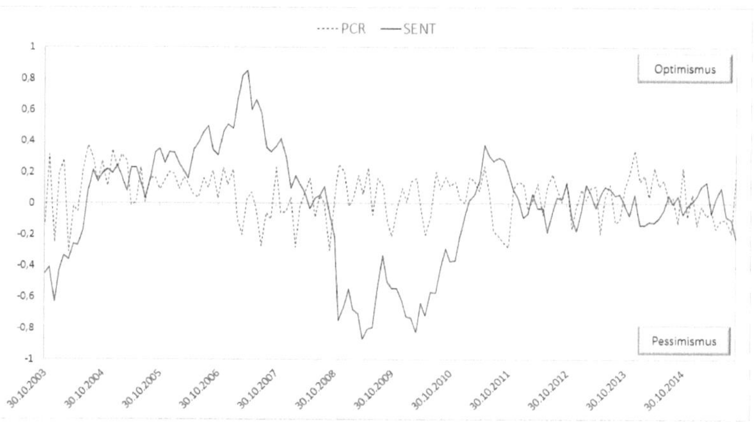

Abbildung 5: Aufbereitete PCR vs. SENT 2003–2015

Quelle: Eigene Darstellung.[99]

Weitere Erkenntnisse zum Nutzen der Sentimentindikatoren kann der Zusam-menhang der Indikatoren mit dem S&P 500 liefern. Dazu werden jeweils die Da-tenreihen des SENT sowie der PCR mit der Datenreihe des S&P 500 verglichen. Die unterschiedliche Messfrequenz der beiden Indikatoren muss dabei berück-sichtigt werden. Die SENT-Werte werden den Monatsschlusskursen des S&P 500 zugeordnet. Die PCR wird in einer Tabelle mit den am selben Tag beobachteten

---

[99] Ein Ausschnitt der verknüpften Daten der beiden Sentimentindikatoren ist Anhang 1, Tabelle 4 zu entnehmen.

Schlusskursen des S&P 500 verknüpft. Zur Veranschaulichung werden einmal für den SENT vs. S&P 500 und einmal für die PCR vs. S&P 500 Diagramme erstellt.

Abbildung 6 zeigt den SENT und den Kursverlauf des S&P 500 für den Zeitraum Januar 1998 bis September 2015.

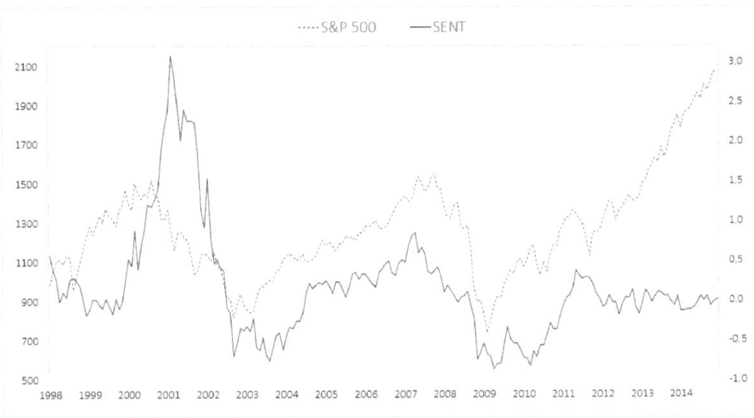

Abbildung 6: SENT vs. S&P 500 1998–2015

Quelle: Eigene Darstellung.[100]

Es fällt auf, dass der SENT zeitweise geradezu parallel zum S&P 500 verläuft. Sowohl der Börsencrash ab März 2000, als auch die Finanzkrise ab Oktober 2007, spiegeln sich in der gemessenen Anlegerstimmung wider. Sehr niedrige SENT-Werte markieren ebenfalls niedrige Kurse des S&P 500. Rein optisch lässt sich hier bereits festhalten, dass sehr niedrige SENT-Werte einen günstigen Einstiegszeitpunkt darstellen. Ein günstiges Investitionssignal läge zum Beispiel bei -0,5. Weiterhin fällt auf, dass wenn der SENT sich nahe um die Nulllinie bewegt, der S&P 500 tendenziell steigt. Für diese Zeiträume ist kein Handelssignal erkennbar.

Beim Versuch den Zusammenhang zwischen der PCR und dem Kursverlauf des S&P 500 zu visualisieren, stößt man wieder auf das Problem der Übersichtlichkeit. Auch die Durchschnittsbildung führt aufgrund der Datenfülle zu keinem Ergebnis. Deshalb wird auf die Darstellung des gesamten Zeitraumes der PCR verzichtet. Stattdessen werden kürzere Perioden analysiert. Dabei kann in den meis-

---

[100] Ein Ausschnitt der verknüpften Daten des SENT und dem S&P 500 ist Anhang 1, Tabelle 5 zu entnehmen.

ten Jahren das Phänomen beobachtet werden, dass lokale pessimistische Extrempunkte der PCR ebenfalls lokale niedrige Punkte im Kursverlauf des S&P 500 markieren. Als Beispiel wird das Jahr 2007 angeführt (siehe Abbildung 7). Anzumerken ist, dass hierbei nicht mehr die aufbereiteten PCRs verwendet werden, sondern die unveränderten Daten. Hohe PCR-Werte zeigen Pessimismus, niedrige PCR-Werte zeigen Optimismus.

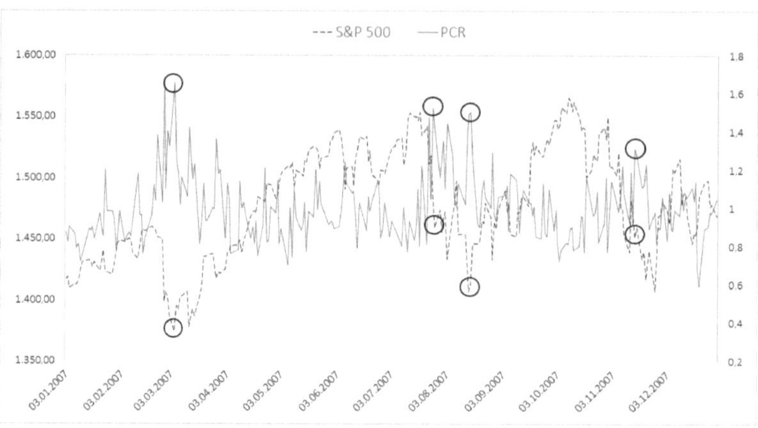

Abbildung 7: PCR vs. S&P 500 für das Jahr 2007

Quelle: Eigene Darstellung.[101]

Die PCR zeigt lokale pessimistische Extrempunkte am 05.03.2007, 26.07.2007, 16.08.2007 sowie am 15.11.2007. Zu diesen Zeitpunkten befand sich der S&P 500 auf lokal niedrigen Niveaus.

Für die optimistischen Werte der PCR wiederum gilt dies nicht. Durch die durchgehend ähnliche Ausprägung der optimistischen Werte der PCR sind lokale Extremwerte selten erkennbar. In den Fällen, in denen optimistische Extremwerte festgestellt werden können, sind keine durchgehend hohen Werte im Kursverlauf des S&P 500 erkennbar.

Diese Erkenntnis bestätigen die Forschungsergebnisse von Brown/ Cliff sowie von Simon/ Wiggins. Die Autoren fanden heraus, dass hohe PCRs eine pessimisti-

---

[101] Ein Ausschnitt der verknüpften Daten der PCR und dem S&P 500 ist Anhang 1, Tabelle 6 zu entnehmen.

sche Anlegerstimmung zeigen. Sie konnten jedoch keine Beziehung zwischen niedrigen PCRs und einer optimistischen Anlegerstimmung finden.[102]

4.4 Entwicklung und Anwendung von Handelsstrategien

Nachdem sowohl für die PCR als auch für den SENT Zusammenhänge mit dem Kursverlauf des S&P 500 gefunden wurden, wird nun untersucht, inwieweit sich dies gewinnbringend ausnutzen lässt.

Im Sinne der Contrary Opinion sollen Wertpapiere gekauft beziehungsweise verkauft werden, sobald sich der Markt in einer Übertreibungsphase befindet. Die Herausforderung besteht darin, herauszufinden, wann ausreichend großer Optimismus beziehungsweise Pessimismus erreicht wurde, damit von einer überhitzten Stimmung gesprochen werden kann. Anders gesagt muss identifiziert werden, ab wann Rothschilds *Kanonen donnern* beziehungsweise die *Violinen spielen*.

Zur praktischen Anwendung der Sentimentindikatoren für Investmententscheidungen müssen daher zunächst Handelsstrategien entwickelt werden. Hierbei müssen Werte identifiziert werden, welche eine Übertreibung markieren. Diese Werte stellen für den Anleger dann konkrete Ein- und Ausstiegssignale für das Investment dar.

Bei Analyse der Sentiment-Daten in Kapitel 4.2 konnten beim SENT bereits drei extreme Stimmungsniveaus identifiziert werden (siehe Abbildung 3). Da die Performance der Handelsstrategie für das Investment in den S&P 500 untersucht werden soll, sollten mit der Handelsstrategie für den Zeitraum 1998 bis 2015 Ein- und Ausstiegssignale hervorgehen. Dies wäre mit solch hohen Signalwerten jedoch nicht der Fall. Deshalb wird der Verlauf des SENT in der jüngeren Vergangenheit betrachtet, wobei Extremwerte von -0,5 und +0,5 identifiziert werden können. Unter dem Kriterium dieser Signalwerte und dem Verständnis, dass ein negativer SENT eine pessimistische und ein positiver SENT eine optimistische Stimmung zeigt, wurden folgende Annahmen getroffen: Für negative Werte bis -0,5, was insbesondere sehr pessimistisches Sentiment darstellt, wurde eine Phase der Übertreibung unterstellt. Werte kleiner gleich -0,5 stellen daher Kaufsignale dar. Bei Werten über +0,5 und der damit verbundenen sehr optimistischen Stimmung wurde ebenfalls eine Phase der Übertreibung angenommen. Werte größer

---

[102] Vgl. Brown, G./ Cliff, M. (2004), S. 11; Simon, D./ Wiggins, R. (2001), S. 451.

gleich +0,5 stellen daher Verkaufssignale dar. Werte zwischen den beiden Signalwerten führen zu keinem Handelssignal.

Für die Bestimmung der Signalzeitpunkte für die PCR wird die grafische Darstellung in gleicher Weise eingesetzt. Hierfür wird für den Verlauf der PCR ein Diagramm erstellt, auf das in Kapitel 4.2 aufgrund der Übersichtlichkeit verzichtet wurde. Auf Grundlage der visuell erkennbaren Extremwerte und dem Wissen, dass eine hohe PCR ein pessimistisches und eine niedrige PCR ein optimistisches Sentiment zeigt, wird folgende Regel aufgestellt: Bei dem Wert von 1,4 soll die Schwelle für ein Kaufsignal gesetzt werden, da hier ein sehr hoher Pessimismus angenommen wird. Werte von 0,6 oder darunter wurden demgegenüber als Verkaufssignale angenommen, da hier sehr viel Optimismus herrscht.[103]

Bezogen auf die Investmententscheidung hätten die aufgestellten Handelsstrategien folgende Auswirkungen: Sobald der Sentimentindikator übertriebenen Pessimismus anzeigt, sollen Wertpapiere gekauft werden. Der Anleger bleibt anschließend so lange investiert, bis der Sentimentindikator übertriebenen Optimismus feststellt. Ist dies der Fall, sollte der Anleger Wertpapiere verkaufen und erst wieder kaufen, sobald der Sentimentindikator wieder übertriebenen Pessimismus anzeigt.

Die aufgestellten Handelsstrategien wurden nun auf die gesamte Datenbasis des SENT beziehungsweise der PCR angewendet. Für die Anwendung der jeweiligen Handelsstrategie wird der S&P 500 als einzelner Basiswert verwendet. Tabelle 1 zeigt die Ergebnisse der Handelsstrategien zunächst zur besseren Vergleichbarkeit für den gemeinsamen Zeitraum von Ende Oktober 2003 bis Ende September 2015. Die Wertentwicklungen werden dem maximalen Gewinn des S&P 500 gegenübergestellt, wenn am ersten Handelstag der gemeinsamen Datenbasis (31.10.2003) gekauft und am letzten gemeinsamen Handelstag (30.09.2015) verkauft worden wäre.

---

[103] Die grafische Darstellung zur Identifikation der Signalwerte der beiden Sentimentindikatoren sowie eine Verdeutlichung der aufgestellten Handelsstrategien sind Anhang 2 zu entnehmen.

	S&P 500	Handelsstrategie auf Basis des SENT	Handelsstrategie auf Basis der PCR
Kaufsignale	-	21	34
Verkaufssignale	-	8	23
Transaktionen	2	3	17
Wertzuwachs	869,32	1215,69	1154,06

Tabelle 1: Ergebnisse der Handelsstrategien im Vergleich

Quelle: Eigene Berechnungen.

Das Ergebnis ist, dass das Investieren mit Berücksichtigung der Anlegerstimmung im Betrachtungszeitraum eine bessere Wertentwicklung erzielt, als ohne die Anwendung der Handelsstrategien. Dies gilt sowohl für die Messung des SENT als auch für die Messung der PCR. Die Ergebnisse sprechen für die Anwendung beider Sentimentindikatoren als Instrument antizyklischer Investmentstrategie. Bei der Auswahl zwischen den Indikatoren sollte ein Anleger aufgrund der besseren Performance und der deutlich wenigeren Transaktionen (und damit Transaktionskosten) den Index SENT als Stimmungsbarometer bevorzugen. Hat ein Anleger einen eher kurzfristigen Anlegehorizont, könnte die PCR-Handelsstrategie erfolgsversprechender sein, da hier öfter Kauf- und Verkaufssignale angezeigt werden.

Bevor jedoch ein finales Urteil zur Eignung der Sentimentindikatoren gefällt werden kann, soll im Weiteren die Performance der Handelsstrategien für die vollständige Datenbasis analysiert werden.

Abbildung 8 verdeutlicht, zu welchen Zeitpunkten ein Anleger, der nach der Handelsstrategie auf Basis des SENT gehandelt hätte, im S&P 500 investiert gewesen wäre.

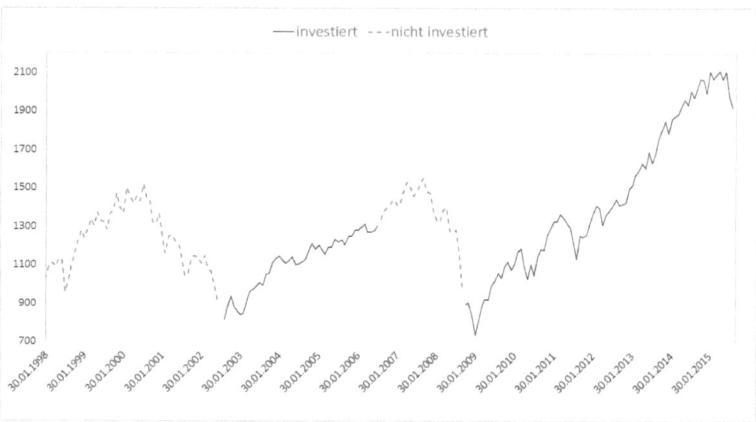

Abbildung 8: Investitionszeitraum im S&P 500 durch Anwendung der SENT- Handelsstrategie

Quelle: Eigene Darstellung.

Es lässt sich gut erkennen, dass die SENT-Handelsstrategie beinahe perfekt die im Nachhinein besten Ein- und Ausstiegszeitpunkte signalisiert. Offensichtlich ist, dass der starke Kursrutsch 2008 mit Anwendung der Strategie hätte vermieden werden können. Dagegen werden kleinere Kursrutsche nicht vom SENT angezeigt. Ein Anleger, der nach der Handelsstrategie auf Basis des SENT gehandelt hätte, konnte insgesamt ein um 61 % besseres Ergebnis erzielen, als wenn er dauerhaft im S&P 500 investiert gewesen wäre.

Die mit der SENT-Handelsstrategie erzielte Performance lässt sich auch in jährlichen Abschnitten mit der Performance des S&P 500 vergleichen. Dazu wird jeweils die jährliche Performance für den S&P 500 sowie für den Anleger, der nach der Handelsstrategie gehandelt hätte, ermittelt. Im Jahr 2015 beschränkt sich die Berechnung vom ersten gemeinsamen Handelstag des Jahres bis zum 31.09.2015, da hier die Datengrundlage des SENT endet. In allen übrigen Jahren ist die Berechnungsgrundlage der Unterschied zwischen erstem und letztem gemeinsamen Handelstag des jeweiligen Jahres.

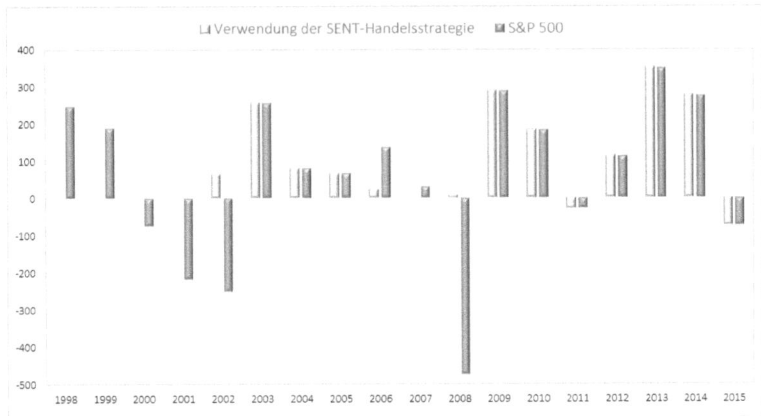

Abbildung 9: Jährliche Performance der SENT-Handelsstrategie im Vergleich zum S&P 500

Quelle: Eigene Darstellung.

Abbildung 9 verdeutlicht, dass mit der SENT-Handelsstrategie lediglich in den Jahren 2011 und 2015 leichte Verluste erzielt wurden. Die meiste Zeit bleibt der Anleger mit Anwendung der Strategie im S&P 500 investiert. Damit erzielt der Anleger in den meisten Jahren die gleiche Performance wie der S&P 500, was sich aufgrund der stetig ansteigenden Kurse als völlig richtig erwiesen hat. Der SENT zeigte vor dem betrachteten Zeitraum schon Verkaufssignale, sodass nicht an der guten Performance im Jahr 1998 und 1999 partizipiert wurde. Starke Verlustzonen in den Jahren 2001, 2002 sowie 2008 konnten jedoch komplett vermieden werden. Als Urteil aus dieser Ergebnisanalyse lässt sich festhalten, dass die bessere Gesamtperformance bei geringem Risiko für die Eignung des SENT als Sentimentindikator und den positiven Nutzen der Sentimentanalyse spricht.

Nun soll die Performance der Handelsstrategie auf Basis der PCR analysiert werden. Auch hier wird nun die vollständig zur Verfügung stehende Datenbasis von 2003 bis 2018 betrachtet. Wie sich ein Handeln nach der aufgestellten Strategie auf die Investitionszeitpunkte eines Anlegers in den S&P 500 auswirkt, soll anhand von Abbildung 10 aufgezeigt werden.

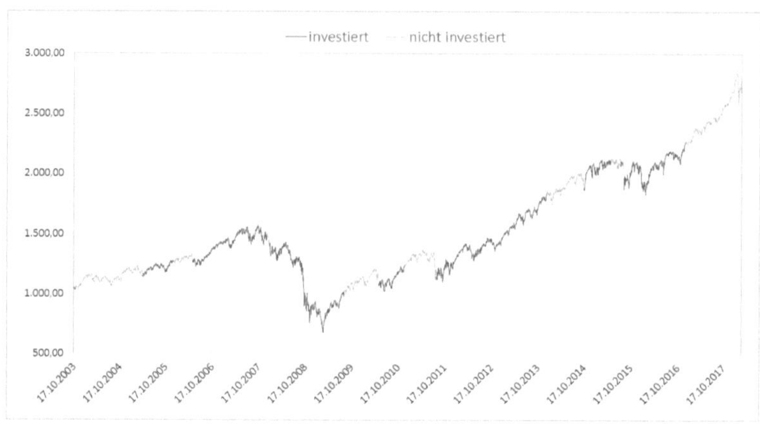

Abbildung 10: Investitionszeitraum im S&P 500 durch Anwendung der PCR-Handelsstrategie

Quelle: Eigene Darstellung.

Hierbei fällt auf, dass sich die Ein- und Ausstiegssignale nicht logisch begründen lassen. Nach der antizyklischen Theorie hätte die PCR spätestens Ende 2007 ein Ausstiegssignal liefern müssen, da es hier offensichtlich eine Trendwende gab. Statt einem Verkaufssignal zeigte die PCR jedoch ein starkes Kaufsignal. Somit hätte der hohe Verlust 2008 nicht durch die Handelsstrategie auf Basis der gemessenen Stimmung der PCR vermieden werden können. Der Signalwert ist dabei so hoch, dass auch bei Änderung der Handelsstrategie die PCR immer noch ein Kaufsignal gezeigt hätte. Das dennoch um 32,75 % bessere Ergebnis im gemeinsam betrachteten Zeitraum 2003 bis 2015 kommt durch die ansonsten ausschließlich positiven Wertzuwächse zustande. Für die vollständige Datenbasis kann die PCR-Handelsstrategie die Performance des S&P 500 jedoch nicht übertreffen. Durch den zuletzt starken Kursanstieg im Jahr 2017, von dem durch die Handelsstrategie, aufgrund fehlender Kaufsignale, nicht partizipiert werden konnte, erzielte ein Anleger nach dieser Strategie insgesamt ein schwächeres Ergebnis, als wäre er von Anfang an im S&P 500 investiert gewesen. Die Performance der PCR-Handelsstrategie blieb rund 10 % unter der Performance der reinen Wertentwicklung des S&P 500 zurück.

Genau wie bei der Analyse der Ergebnisse der SENT-Handelsstrategie, soll auch bei der PCR untersucht werden, wie sich die Wertentwicklung in den einzelnen Jahren zu der Wertentwicklung des S&P 500 unterscheidet. Für die Ermittlung im Jahr 2003 wurde für den S&P 500 eine Wertentwicklung seit dem 17.10.2003 berechnet. Das liegt daran, dass die Daten der PCR erst ab diesem Datum zur Verfügung stehen. Im Jahr 2018 beschränkt sich die Berechnung vom ersten Handelstag bis zum 06.03.2018.

Abbildung 11: Jährliche Performance der PCR-Handelsstrategie im Vergleich zum S&P 500

Quelle: Eigene Darstellung.

Der Anleger erzielt mit Verwendung der PCR-Handelsstrategie in sieben Jahren bessere Ergebnisse als der Markt. Die starke Verlustzone im Jahr 2008 konnte nur leicht gedämpft werden. In den Jahren 2006 und 2012 ist der Anleger mit der Strategie durchgehend investiert und erreicht damit das gleiche Ergebnis wie der Markt. In den verbleibenden sieben Jahren erzielt der Anleger mit Anwendung der Strategie eine schlechtere Performance als die reine Kursentwicklung des S&P 500, wobei vor allem das Jahr 2017 hervorzuheben ist. Innerhalb dieses Jahres erzielte der S&P 500 einen Rekordzuwachs von 415,78 Basispunkten. Durch das Verkaufssignal am 14.12.2016 und dem anschließenden Ausbleiben eines erneuten Kaufsignals nimmt der Anleger mit der Handelsstrategie nicht an dieser positiven Entwicklung teil. Damit schlägt sich diese nicht genutzte Performance bedeutend im Gesamtergebnis nieder, mit dem Ergebnis, dass der Anleger mit Berücksichtigung der PCR-Handelsstrategie eine schlechtere Performance erzielt, als der Markt. Insgesamt lässt sich daher keine klare Empfehlung für die Anwendung der Handelsstrategie auf Basis der PCR aussprechen.

4.5 Zusammenfassung der Untersuchungserkenntnisse

Für die Untersuchung zum Nutzen von Sentimentindikatoren wurden zwei unterschiedliche indirekte Indikatoren untersucht: der zusammengesetzte Index SENT sowie die PCR.

Während die SENT-Werte in Trends verlaufen, schwanken die PCR-Werte in kurzen Zeitabständen zwischen starkem Pessimismus und starkem Optimismus. Beide Indikatoren messen mehrheitlich ein positives Sentiment. Während beim SENT die extremen Ausprägungen der Stimmungsniveaus durch historische Ereignisse erklärt werden können, folgt der Verlauf der PCR keinem nachvollziehbaren Muster. Obwohl beide Sentimentindikatoren die Anlegerstimmung auf dem amerikanischen Finanzmarkt abbilden sollen, zeigt der Vergleich der Indikatoren keine signifikanten Zusammenhänge.

Beim Vergleich der Sentimentindikatoren mit dem Kursverlauf des S&P 500 wurden für beide Indikatoren Zusammenhänge gefunden. Beim SENT zeigt sich ein gewisser Gleichlauf auf langfristige Sicht, während bei der PCR zur Identifikation des Gleichlaufs kurzfristige Perioden betrachtet werden müssen. Jedoch kann bei der PCR nur eine einseitige Beziehung zwischen gemessenem Pessimismus und niedrigen Aktienkursen gefunden werden, nicht aber zwischen gemessenem Optimismus und hohen Aktienkursen.

Für den gemeinsamen Zeitraum der Datenbasis erzielt eine Handelsstrategie auf Basis des SENT als auch auf Basis der PCR bessere Ergebnisse als die reine Wertentwicklung des S&P 500. Über den jeweils gesamt zur Verfügung stehenden Zeitraum kann jedoch nur die Handelsstrategie auf Basis des SENT-Indikators mit einer 61 % besseren Performance als die reine Kursentwicklung des S&P 500 punkten. Die Handelsstrategie auf Basis des PCR-Indikators performt im gesamten Zeitraum rund 10 % unter der reinen Wertentwicklung des S&P 500.

5 Schlussbetrachtung

Im Rahmen der vorliegenden Arbeit wurden zwei aufeinander aufbauende Fragestellungen untersucht. Ziel war es, aufzuzeigen, wie das Sentiment der Anleger gemessen werden kann sowie den praktischen Nutzen von Sentimentindikatoren für Investmententscheidungen zu analysieren.

Zur Beantwortung des ersten Teils der Fragestellung wurden die in der Literatur diskutierten Indikatoren zur Messung des Sentiments in drei Kategorien eingeteilt: direkte, indirekte und zusammengesetzte Indikatoren. Da die Nachteile der direkten Messung an der Qualität der Indikatoren zweifeln lassen, wurde der Fokus in dieser Arbeit auf die indirekten Indikatoren gelegt. Es wurden sechs Marktkennzahlen und deren Überlegungen zur Identifikation des Sentiments beschrieben. Da kein indirekter Indikator unumstritten ist, existieren zusammengesetzte Indikatoren, durch welche die Messung der Anlegerstimmung verbessert werden kann.

Zur Beantwortung des zweiten Teils der Fragestellung wurden zwei der beschriebenen Sentimentindikatoren näher untersucht: der indirekte Indikator PCR und der zusammengesetzte Indikator SENT. Bei Analyse der Sentiment-Daten konnte gezeigt werden, dass sich die Messungen der Indikatoren teilweise stark widersprechen. Zudem verstärkte sich der Eindruck, dass sich zusammengesetzte Indikatoren im Vergleich zu einzelnen Indikatoren besser als Messinstrument der Anlegestimmung eignen. Dieser Eindruck wurde im weiteren Verlauf der Untersuchung bestätigt. Für beide Indikatoren konnten Handelsstrategien abgeleitet und auf ein theoretisches Investment in der Vergangenheit angewendet werden. Während für die Anwendung der Handelsstrategie auf Basis des SENT eine klare Empfehlung ausgesprochen und ein positiver Nutzen der Sentimentanalyse bestätigt werden konnte, trifft dies auf die PCR nur teilweise zu.

Die Ergebnisse der Arbeit zeigen, dass die Sentimentanalyse mit zahlreichen Problemstellungen verbunden ist. Zunächst muss die Stimmung richtig gemessen werden. Der Anleger steht vor einer Fülle an Indikatoren, die eine weitaus größere Anzahl als die in dieser Arbeit berücksichtigten Indikatoren umfassen. Zwar scheinen die zusammengesetzten Indikatoren die beste Möglichkeit zur Messung des Sentiments zu sein, diese sind von privaten Anlegern bei heutigem Stand der Forschung jedoch nicht anwendbar, da erst wenige dieser Indikatoren entwickelt wurden und die Daten der Öffentlichkeit nicht beziehungsweise erst im Nachhinein zur Verfügung gestellt werden.

Zwar konnte im Rahmen der Untersuchung ein positiver Nutzen des Sentimentindikators SENT im Investmentprozess aufgezeigt werden, was jedoch nicht bedeuten muss, dass dies allgemeingültig ist. Zum einen beschränkt sich die Untersuchung auf einen eingeschränkten Zeitraum, zum anderen wurde der Untersuchung der S&P 500 als einziges Investment zugrunde gelegt. Es kann nicht beurteilt werden, inwiefern sich die Anwendung des Sentimentindikators insbesondere auf die Performance von Einzelaktienanlagen auswirkt. Dies gilt in gleicher Weise für die PCR. Eine weitere Schwäche der Untersuchung liegt in der Auswahl der Datenbasis der PCR auf die Optionen des gesamten Marktes. Die einzelnen Ratios zu Aktien- und Indexoptionen wurden nicht analysiert.

Zukünftige Forschungsarbeiten können die aufgezeigten Kritikpunkte als Ausgangspunkt für weitere Untersuchungen heranziehen. Die Herausforderung der Sentimentanalyse besteht in der Zukunft weniger darin, weitere Indikatoren zur Messung der Stimmung zu identifizieren, sondern vielmehr darin, diese, wie in der Untersuchung gezeigt, auf ihren praktischen Nutzen für Investmententscheidungen zu überprüfen. Hier sollten insbesondere die Auswirkungen der Berücksichtigung der Indikatoren auf verschiedene Einzelaktien analysiert werden. Erst wenn ein geeigneter Sentimentindikator validiert werden kann, können Vergleiche der Sentimentanalyse mit den klassischen Analysemethoden erfolgen. Bis dahin sollten Anleger die Sentimentanalyse keinesfalls isoliert anwenden, sondern mit den klassischen Analysemethoden kombinieren.

Literaturverzeichnis

Auer, Benjamin R.: Investor Sentiment, in: WIST-Wirtschaftswissenschaftliches Studium, 41. Jg., Heft 7, 2012, S. 378–381.

Baker, Malcolm/ Stein, Jeremy C.: Market liquidity as a sentiment indicator, in: Journal of Financial Markets, 7. Jg., Heft 3, 2004, S. 271–299.

Baker, Malcolm/ Wurgler, Jeffrey: The Equity Share in New Issues and Aggregate Stock Returns, in: The Journal of Finance, 55. Jg., Heft 5, 2000, S. 2219–2257.

Baker, Malcolm/ Wurgler, Jeffrey: Investor Sentiment and the Cross-Section of Stock Returns, in: The Journal of Finance, 61. Jg., Heft 4, 2006, S. 1645–1680.

Baker, Malcolm/ Wurgler, Jeffrey: Investor Sentiment in the Stock Market, in: Journal of Economic Perspectives, 21. Jg., Heft 2, 2007, S. 129–152.

Bandopadhyaya, Arindam/ Jones, Anne Leah: Measures Of Investor Sentiment: A Comparative Analysis Put-Call Ratio Vs. Volatility Index, in: Journal of Business and Economics Research, 6. Jg., Heft 8, 2008, S. 27–34.

Beer, Francisca/ Zouaoui, Mohamed: Measuring Stock Market Investor Sentiment, in: The Journal of Applied Business Research, 29. Jg., Heft 1, 2013, S. 51–68.

Bergold, Uwe/ Mayer, Bernt: Markt und Meinung: Mit Behavioral Finance und Technische Analyse zu den Gewinnern gehören, 2. Aufl., 2005, München: FinanzBuch Verlag.

Braun, Johannes: Aktienanalyse: Fundamentalanalyse, Technische Analyse und Behavioral Finance,1. Aufl., 2007, Saarbrücken: VDM Verlag Dr. Müller.

Brown, Gregory W./ Cliff, Michael T.: Investor sentiment and the near-term stock market, in: Journal of Empirical Finance, 11. Jg., Heft 1, 2004, S. 1–27.

Cboe Exchange, Inc. (Hrsg.): Cboe Volume & Put/Call Ratios, o.J., http://www.cboe.com/data/historical-options-data/volume-put-call-ratios.html, Abruf am 07.03.2018, 20.30 Uhr.

Davis, Ned: Antizyklische Investmentstrategien: Die Psychologie der Massen und die Chancen des Einzelnen, 1. Aufl., 2005, München: FinanzBuch Verlag.

Daxhammer, Rolf J./ Facsar, Máté: Behavioral Finance: Verhaltenswissenschaftliche Finanzmarktforschung im Lichte begrenzt rationaler Marktteilnehmer, 1. Aufl., 2012, Konstanz: UVK Verlagsgesellschaft mbH.

Decker, Michael: Behavioral Finance: Anlegerverhalten erfolgreich nutzen, 1. Aufl., 2009, Hamburg: Diplomica Verlag.

Fugger, Horst: Handbuch der erfolgreichen Aktienanlage: Grundlagen, Bewertung, Strategien, 1. Aufl., 2000, München: FinanzBuch Verlag.

Heese, Viktor/ Riedel, Christian: Fundamentalanalyse versus Chartanalyse: Methoden der Aktienbewertung im Vergleich, 1. Aufl., 2016, Wiesbaden: Springer Gabler.

Janous, Gerald: Zum Verhältnis von Markt und Individuum auf Finanzmärkten: Entwicklung einer Investorentypologie zur Charakterisierung von Marktdynamiken, 1. Aufl., 2016, Wiesbaden: Springer Gabler.

Kostolany, André: 2 x 2 = 5 – 1: Börse ist Psychologie, in: Jünemann, Bernhard/ Schellenberger, Dirk (Hrsg.): Psychologie für Börsenprofis: Die Macht der Gefühle bei der Geldanlage, 1. Aufl., 2000, Stuttgart: Schäffer-Poeschel, S. XIII-XVI.

Kostolany, André: Die Kunst, über Geld nachzudenken, 3. Aufl., 2016, Berlin: Ullstein Taschenbuch Verlag.

Lee, Charles M. C./ Shleifer, Andrei/ Thaler, Richard H.: Investor Sentiment and the Closed-End Fund Puzzle, in: The Journal of Finance, 46. Jg., Heft 1, 1991, S. 75–109.

Malisch, Ralph: Faktor Mensch: Zwischen Daten und Kursen steht der menschliche Entscheider, in: Smart Investor, Heft 9., 2016, S. 20–24.

onvista (Hrsg.): S&P 500 Index – Historische Kurse zum S&P 500, o.J., https://www.onvista.de/index/S-P-500-Index-4359526, Abruf am 07.03.2018, 10.00 Uhr.

Ritter, Jay R.: The Long-Run Performance of Initial Public Offerings, in: The Journal of Finance, 46. Jg., Heft 1, 1991, S. 3–27.

sentix GmbH (Hrsg.): Daten und Fakten, o.J., http://www.sentix.de/index.php/Unternehmensinformationen/daten-und-fakten.html, Abruf am 11.03.2018, 11.15 Uhr.

sentix GmbH (Hrsg.): sentix Neutrality Index, o.J.,
http://www.sentix.de/index.php/item/sntn.html, Abruf am 11.03.2018,
11.30 Uhr.

sentix GmbH (Hrsg.): sentix Sentiment Index, o.J.,
http://www.sentix.de/index.php/item/sntm.html, Abruf am 11.03.2018,
11.20 Uhr.

Shleifer, Andrei: Inefficient markets: An introduction to behavioral finance, 1.
Aufl., 2000, Oxford: Oxford Univ. Press.

Simon, David P./ Wiggins, Roy A.: S&P Futures Returns and Contrary Sentiment
Indicators, in: The Journal of Futures Markets, 21. Jg., Heft 5, 2001, S. 447–
462.

Theuerzeit, Thomas: Sentimentanalyse, in: Technical Newsletter, 2. Jg., Heft 1,
2002, S. 2–4.

Wurgler, Jeffrey (Hrsg.): Investor sentiment data, 31.03.2016,
http://people.stern.nyu.edu/jwurgler/, Abruf am 07.03.2018, 14.00 Uhr.

Anhang

Anhang 1: Tabellen

Datum	SENT
Jul 65	-2,04
Aug 65	-2,11
Sep 65	-1,97
Okt 65	-1,84
Nov 65	-1,74
Dez 65	-1,71
Jan 66	-1,74
Feb 66	-1,86
Mrz 66	-1,62
Apr 66	-1,62
Mai 66	-1,53
Jun 66	-1,40
Jul 66	-1,30
Aug 66	-1,11
Sep 66	-1,32
Okt 66	-1,27
Nov 66	-1,25
Dez 66	-1,20
Jan 67	-1,05
Feb 67	-0,91
Mrz 67	-0,96
Apr 67	-0,98
Mai 67	-0,99
Jun 67	-0,91
Jul 67	-0,88
Aug 67	-0,92
Sep 67	-0,75
Okt 67	-0,93
Nov 67	-0,57
...	...
Sep 15	-0,22

Tabelle 2: SENT-Datenbasis

Quelle: in Anlehnung an Wurgler, J.: Investor sentiment data, URL: http://people.stern.nyu.edu/jwurgler, 07.03.2018.

Datum	PCR	GD
17.10.2003	0,64	0,64
21.10.2003	0,7	0,67
22.10.2003	0,98	0,77
23.10.2003	0,85	0,79
24.10.2003	0,91	0,82
27.10.2003	0,64	0,79
28.10.2003	0,75	0,78
29.10.2003	0,58	0,76
30.10.2003	0,81	0,76
31.10.2003	1,12	0,80
03.11.2003	0,63	0,78
04.11.2003	0,61	0,77
05.11.2003	0,69	0,76
06.11.2003	0,77	0,76
07.11.2003	0,78	0,76
10.11.2003	0,91	0,77
11.11.2003	0,96	0,78
12.11.2003	0,8	0,79
13.11.2003	0,78	0,78
14.11.2003	0,69	0,78
17.11.2003	0,84	0,78
18.11.2003	0,76	0,79
19.11.2003	0,87	0,80
20.11.2003	0,8	0,79
21.11.2003	0,8	0,79
24.11.2003	0,65	0,77
25.11.2003	0,62	0,77
26.11.2003	0,72	0,77
28.11.2003	0,69	0,78
...	...	...
06.03.2018	0,93	1,03

Tabelle 3: PCR-Datenbasis mit 21-Perioden GD

Quelle: in Anlehnung an Cboe Exchange, Inc.: Cboe Volume & Put/Call Ratios, URL: www.cboe.com/data/historical-options-data/volume-put-call-ratios, 07.03.2018.

Datum	S&P 500	SENT
Jan 98	980,28	0,57
Feb 98	1.049,34	0,37
Mrz 98	1.100,82	0,26
Apr 98	1.111,77	-0,02
Mai 98	1.090,82	0,10
Jun 98	1.133,84	0,03
Jul 98	1.120,67	0,26
Aug 98	957,53	0,29
Sep 98	1.017,05	0,24
Okt 98	1.098,67	0,18
Nov 98	1.163,63	0,01
Dez 98	1.229,23	-0,19
Jan 99	1.279,64	-0,12
Feb 99	1.238,33	0,01
Mrz 99	1.286,37	0,00
Apr 99	1.335,18	-0,06
Mai 99	1.301,84	-0,10
Jun 99	1.372,66	0,01
Jul 99	1.328,72	-0,09
Aug 99	1.320,41	-0,18
Sep 99	1.282,71	0,01
Okt 99	1.362,93	-0,11
Nov 99	1.389,07	-0,02
Dez 99	1.469,25	0,25
Jan 00	1.394,46	0,52
Feb 00	1.366,42	0,44
Mrz 00	1.498,58	0,88
Apr 00	1.452,43	0,38
Mai 00	1.420,60	0,69
Jun 00	1.454,60	0,88
Jul 00	1.430,83	1,20
Aug 00	1.517,68	1,18
Sep 00	1.436,51	1,26
Okt 00	1.429,40	1,38
Nov 00	1.314,95	1,88
Dez 00	1.320,28	2,17
...	...	...
Sep 15	1.920,00	-0,22

Tabelle 4: Verknüpfung PCR (aufbereitet) und SENT

Quelle: Eigene Darstellung.[104]

---

[104] Daten stammen aus: Cboe Exchange, Inc.: Cboe Volume & Put/Call Ratios, URL: www.cboe.com/data/historical-options-data/volume-put-call-ratios, 07.03.2018; Wurgler, J.: Investor sentiment data, URL: http://people.stern.nyu.edu/jwurgler, 07.03.2018.

Datum	PCR (aufbereitet)	SENT
31.10.2003	-0,12	-0,45
28.11.2003	0,31	-0,41
31.12.2003	-0,25	-0,63
30.01.2004	0,19	-0,43
27.02.2004	0,28	-0,33
31.03.2004	-0,31	-0,36
30.04.2004	-0,02	-0,26
28.05.2004	-0,05	-0,27
30.06.2004	0,22	-0,17
30.07.2004	0,37	0,08
31.08.2004	0,29	0,21
30.09.2004	0,14	0,14
29.10.2004	0,27	0,19
30.11.2004	0,11	0,22
31.12.2004	0,34	0,19
31.01.2005	0,23	0,24
28.02.2005	0,31	0,18
31.03.2005	0,27	0,08
29.04.2005	-0,01	0,23
31.05.2005	0,01	0,23
30.06.2005	0,23	0,14
29.07.2005	0,01	0,04
31.08.2005	0,16	0,16
30.09.2005	0,17	0,32
31.10.2005	0,09	0,35
30.11.2005	0,15	0,26
30.12.2005	0,2	0,33
31.01.2006	0,19	0,32
28.02.2006	0,09	0,26
31.03.2006	0,17	0,21
28.04.2006	0,13	0,16
31.05.2006	0,05	0,34
30.06.2006	0,04	0,39
31.07.2006	0,16	0,46
31.08.2006	0,1	0,50
29.09.2006	0,21	0,34
...	...	...
30.09.2015	0,16	-0,22

Tabelle 5: Verknüpfung S&P 500 und SENT

Quelle: Eigene Darstellung.[105]

---

105 Daten stammen aus: onvista: S&P 500 Index – Historische Kurse zum S&P 500, URL: https://www.onvista.de/index/S-P-500-Index-4359526, 07.03.2018; Wurgler, J.: Investor sentiment data, URL: http://people.stern.nyu.edu/jwurgler, 07.03.2018.

Datum	S&P 500	PCR
17.10.2003	1.039,32	0,64
21.10.2003	1.044,68	0,7
22.10.2003	1.046,03	0,98
23.10.2003	1.030,36	0,85
24.10.2003	1.033,77	0,91
27.10.2003	1.028,91	0,64
28.10.2003	1.031,13	0,75
29.10.2003	1.046,79	0,58
30.10.2003	1.048,11	0,81
31.10.2003	1.046,94	1,12
03.11.2003	1.050,71	0,63
04.11.2003	1.059,02	0,61
05.11.2003	1.053,25	0,69
06.11.2003	1.051,81	0,77
07.11.2003	1.058,05	0,78
10.11.2003	1.053,21	0,91
11.11.2003	1.047,11	0,96
12.11.2003	1.046,57	0,8
13.11.2003	1.058,53	0,78
14.11.2003	1.058,41	0,69
17.11.2003	1.050,35	0,84
18.11.2003	1.043,63	0,76
19.11.2003	1.034,15	0,87
20.11.2003	1.042,44	0,8
21.11.2003	1.033,65	0,8
24.11.2003	1.052,08	0,65
25.11.2003	1.053,89	0,62
26.11.2003	1.058,45	0,72
28.11.2003	1.058,20	0,69
01.12.2003	1.070,12	0,71
02.12.2003	1.066,62	0,71
03.12.2003	1.064,73	0,86
04.12.2003	1.069,72	0,72
...	...	...
06.03.2018	2.728,12	0,93

Tabelle 6: Verknüpfung S&P 500 und PCR

Quelle: Eigene Darstellung.[106]

---

[106] Daten stammen aus: onvista: S&P 500 Index – Historische Kurse zum S&P 500, URL: https://www.onvista.de/index/S-P-500-Index-4359526, 07.03.2018; Cboe Exchange, Inc.: Cboe Volume & Put/Call Ratios, URL: www.cboe.com/data/historical-options-data/volume-put-call-ratios, 07.03.2018.

Anhang 2: Abbildungen

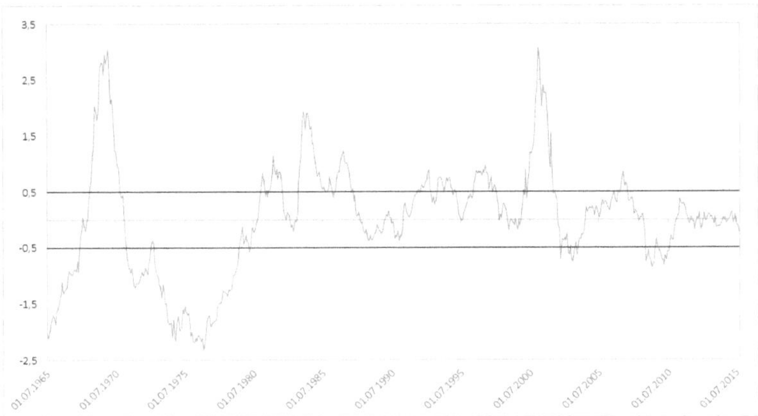

Abbildung 12: Ein- und Ausstiegssignale SENT

Quelle: Eigene Darstellung.[107]

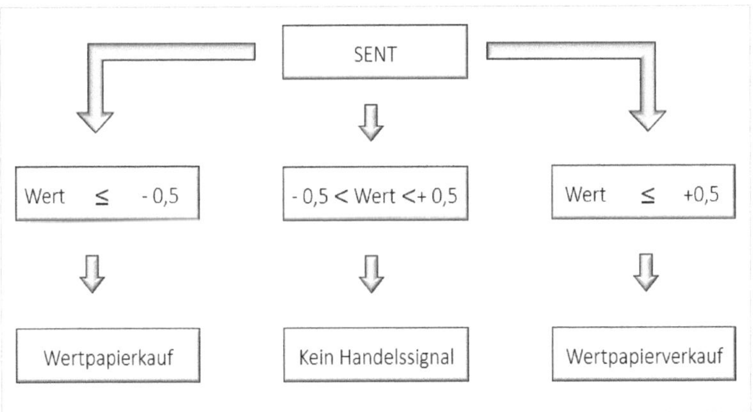

Abbildung 13: Handelsstrategie auf Basis des SENT

Quelle: Eigene Darstellung.

---

[107] Daten stammen aus: Wurgler, J.: Investor sentiment data, URL: http://people.stern.nyu.edu/jwurgler, 07.03.2018.

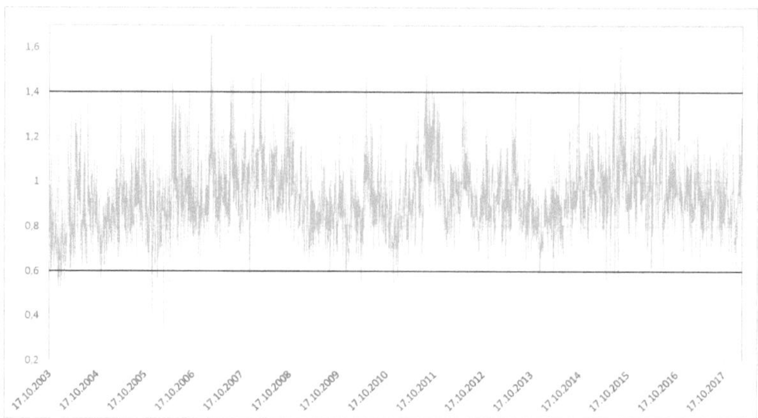

Abbildung 14: Ein- und Ausstiegssignale PCR

Quelle: Eigene Darstellung.[108]

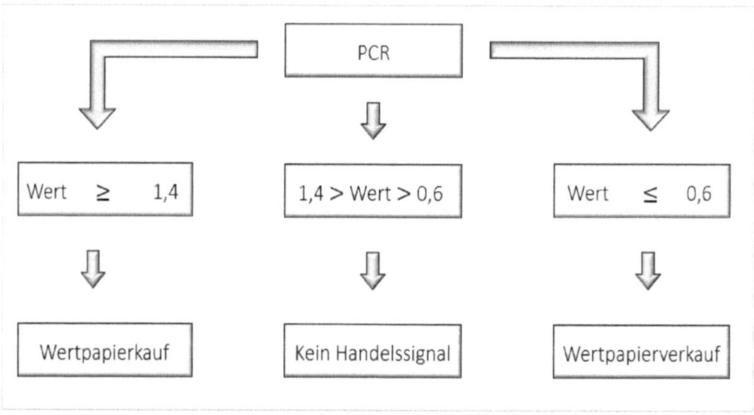

Abbildung 15: Handelsstrategie auf Basis der PCR

Quelle: Eigene Darstellung.

---

[108] Daten stammen aus: Cboe Exchange, Inc.: Cboe Volume & Put/Call Ratios, URL: www.cboe.com/data/historical-options-data/volume-put-call-ratios, 07.03.2018.